PIZZA *Passion*

SVEN TEICHMANN
VON „TEICHNERS PIZZA PALACE“

PIZZA *Passion*

FOOD-FOTOGRAFIE Hubertus Schüler
PORTRÄT-FOTOGRAFIE Hannah Bichay

Focaccia

Pizza mortadella, pistacchio e burrata

Pizza speciale

Fugazzeta

Pizzette – sizilianische Minipizzen

Pizza Margherita

Pizza-Panini

Pizza prosciutto e funghi

Dessertpizza „Süße Blume“

DAS GEHEIMNIS PERFEKTER PIZZA FÜR ZU HAUSE

HALLOOHOOO,
HERZLICH WILLKOMMEN
IN MEINER WELT
DER PIZZA!

„Möge dieses Buch deine Sinne beflügeln und deinen Gaumen mit Freude erfüllen."

Es ist mir eine Freude, dich auf eine leidenschaftliche Reise durch die Welt der Geheimnisse einer perfekten Pizza mitzunehmen. Ich möchte dir nicht nur die Technik näherbringen, wie man eine super Pizza backt, sondern auch vermitteln, wie Pizza Menschen in ganz besonderer Weise zusammenbringt – sei es beim gemeinsamen Backen, das zu einer echten Hingabe an den Geschmack werden kann, oder ganz entspannt beim gemeinsamen Genießen. Pizza braucht keinen feierlichen Rahmen und passt wie kein anderes Essen einfach immer.

Meinen erlernten Beruf habe ich der Pizza zuliebe aufgegeben, um mein gesammeltes Know-how mit all denen zu teilen, die das Thema so lieben wie ich und mehr darüber erfahren wollen. Ich möchte hier allen Followern, Zuschauerinnen und Zuschauern danken, die es mir ermöglicht haben, diesen Weg zu gehen, sodass ich aktuell als reichweitenstärkster Content Creator für Pizza gelte.

In diesem Buch nehme ich euch mit auf eine kulinarische Expedition, bei der jedes Kapitel eine weitere Liebeserklärung an die Pizza ist. Von den traditionellen italienischen Meisterwerken bis zu kreativen, zeitgenössischen Variationen: Entdecke mit mir gemeinsam die unendlichen Facetten eines der beliebtesten Gerichte weltweit! Auf Wunsch der Community, die wissen will, was man außerdem mit einem guten Teig machen kann, habe ich Rezepte für Ciabatta, Fladenbrot und Subs eingefügt.

Doch dieses Buch ist mehr als nur eine Ode an den Teig und die Beläge. Es ist eine Einladung, Teil meiner kulinarischen Community zu werden, in der es nicht nur um Geschmack, sondern auch um viel Herzblut geht. Möge dieses Buch deine Sinne beflügeln und deinen Gaumen mit Freude erfüllen. Lass uns gemeinsam eintauchen in die Magie der Pizza.

Mit leidenschaftlichen Grüßen
Sven

BELLA ITALIA!

Die Pizza ist eine kulinarische Legende, sie hat ihre Wurzeln in der süditalienischen Stadt Neapel, und ihre Anfänge reichen bis ins 18. Jahrhundert zurück. Damals waren es noch einfache Fladenbrote, die mit Tomaten belegt wurden. Die entscheidende Wende erfolgte 1889, als der Erzählung nach der Pizzabäcker Raffaele Esposito und seine Frau für die italienische Königin Margherita eine Pizza in den Farben der italienischen Flagge kreierten – mit Tomaten, Mozzarella und Basilikum. Diese Kreation, die auch heute noch als Margherita bekannt ist, trug maßgeblich zur Popularität der Pizza bei.

Nach dem Zweiten Weltkrieg verhalf die Auswanderungswelle von Italienern in die USA der Pizza zu internationaler Anerkennung. Pizzerien schossen aus dem Boden, und der Vielfalt der Beläge waren kaum noch Grenzen gesetzt. Die Pizza wurde zum globalen Phänomen, ihre Zubereitung jedoch von Land zu Land angepasst. Heute spiegelt die Pizza kreative Fusionen und lokale Einflüsse wider, wobei sie ihre traditionellen Wurzeln trotzdem bewahrt hat.

GESCHMACKSEXPEDITION: DIE VIELFALT DER PIZZAKULTUR

In Italien, dem Mutterland der Pizza, gibt es eine faszinierende Vielfalt an Pizzasorten, von dünn und knusprig bis hin zu dick und saftig. Jeder Pizzastil erzählt eine Geschichte, die die kulinarischen Besonderheiten der Region widerspiegelt.

Die Pizza napoletana, die, wie der Name sagt, ursprünglich aus Neapel stammt, ist berühmt für ihren dünnen Boden mit einem dickeren sowie luftigen, aber knusprigen Rand *(cornicione)*. Gern mit einer minimalistischen Kombination von San-Marzano-Tomaten, Fior-di-latte-Mozzarella, Parmesan und frischem Basilikum belegt, wird sie im Pizzaofen bei über 400 °C gebacken und erhält dadurch einen attraktiven „Leoparden"-Look, also die schönen schwarzen Punkte auf dem gebackenen Teig.

Damit Tradition und Authentizität gewahrt bleiben, hat die Associazione Verace Pizza Napoletana (AVPN) strenge Richtlinien formuliert, die Zutaten und Zubereitungsmethoden betreffen. Sie wacht natürlich auch über die Authentizität der berühmten Pizza napoletana Margherita DOC (Denominazione di Origine Controllata), die es sogar auf die Liste des immateriellen Weltkulturerbes geschafft hat. Ganz traditionell müsste eine Pizza napoletana in einem Holzofen gebacken werden, aber heute werden auch Gasöfen akzeptiert.

In Rom hingegen wird die Szene von der römischen Pizza in teglia (Blechpizza) dominiert, die einen dickeren, knusprigen Teig hat und in rechteckige Stücke geschnitten wird. Als runde Pizza geformt, bekommt die römische Pizza einen schmaleren und flacheren Rand.

In Sizilien findet man die einzigartige Sfincione, eine dicke, fluffige Blechpizza, die üppig mit Tomatensauce bestrichen und gern mit Zwiebeln und Sardellen belegt wird.

Bei so großer Beliebtheit der Pizza bleibt es nicht aus, dass im Laufe der Zeit viele neue Kreationen entstanden sind, die mit der Tradition brechen. Eine Pizza contemporanea, also „moderne Pizza", kann aus unkonventionellen, ausgefallenen Zutaten oder sogar exotischen Käsesorten bestehen, und nicht selten wird mit Teigvariationen experimentiert.

In diesem Buch biete ich dir eine Vielfalt von Teigsorten mit den unterschiedlichsten Aromen, aus denen sich eine ebensolche Vielfalt von Pizzen und ähnlichen kulinarischen Köstlichkeiten zaubern lässt. Probiere aus und schau selbst, welche davon deine Favoriten werden!

MEHL – DER MAGISCHE PIZZASTAUB

Unsere Reise durch das Know-how rund um die Pizza beginnt mit der wichtigsten Zutat: dem Mehl. Für eine Pizza wird meistens Weichweizenmehl verwendet, da es durch seine Eigenschaften, viel Wasser binden zu können und ein stabiles Klebereiweißgerüst (Glutengerüst) aufzubauen, am besten geeignet ist. Auch ich verwende es bevorzugt in meinen Rezepten hier. Aber Weizenmehl ist nicht gleich Weizenmehl. Für die Teigverarbeitung und die Qualität der fertigen Pizza ist die Wahl des Mehls entscheidend und damit vor allem Mehltype, Proteingehalt und W-Wert.

TYPISCH MEHLTYPE

Die Mehltype gibt den Mineralstoffgehalt des Mehls an. Mehle mit einer niedrigen Typenzahl wie 00 oder 405 haben also einen geringen Mineralstoffgehalt, sie sind sehr hell. Je höher die Type, desto mineralstoffreicher und dunkler ist das Mehl. Vollkornmehl hat den höchsten Ausmahlungsgrad, also 100 %, da das ganze Korn vermahlen wird. Ein Teig aus Vollkornmehl ist aber recht schwer und lässt sich von daher nicht einfach verarbeiten.

Bei der Herstellung eines Pizzateigs sollte man zu einem italienischen Weizenmehl greifen. Dabei musst du beachten, dass die Typisierung in Italien eine andere ist als in Deutschland (und in anderen Ländern). Das deutsche Weizenmehl Type 405 ist dem italienischen Weizenmehl Type 00 zwar ähnlich, Letztere haben jedoch meistens einen viel höheren Proteingehalt, der wichtig für das Pizzabacken ist.

Weizenmehl Teichners' Beste, Type 00

In unser hauseigenes, in Italien produziertes Weizenmehl Type 00 ist besonders viel Entwicklung und Liebe geflossen. Teichners' Beste bildet mit einem Proteingehalt von 13 % starke Klebereiweißketten, die den Teig besonders stabil und reißfest machen. Außerdem eignet es sich dank des hohen W-Werts von 230–250 perfekt für lange Teigführungen von 24–48 Stunden. Diese Eigenschaften bilden die perfekten Voraussetzungen für eine luftige Pizza mit einem ausgeprägten Leopardenmuster. Unser Mehl verträgt darüber hinaus viel Wasser, sodass es auch ideal für andere Backwaren, wie z. B. Focaccia und Ciabatta, geeignet ist.

Entdecke weitere Produkte, Tipps und Tricks auf www.teichners.de

PROZENTSACHE: PROTEINGEHALT

Beim Kauf des Weizenmehls solltest du unbedingt auf den Proteingehalt achten. Dieser sollte nicht unter 11 % liegen, ideal sind 12–15 %. Je höher der Proteingehalt, desto mehr Wasser kann gebunden werden, und es fördert die Bildung des Glutengerüsts, was zu einer elastischen Teigstruktur führt.

WAS IST DER W-WERT?

Der W-Wert eines Mehls ist der Wasseraufnahmekoeffizient, der angibt, wie viel Wasser das Mehl binden kann. Dabei ist der Proteingehalt ausschlaggebend. Ein Teig, der aus einem Mehl mit hohem W-Wert hergestellt wurde, geht langsam auf, entwickelt ein stabiles, elastisches Klebereiweißgerüst (Glutengerüst) und erreicht beim Aufgehen ein großes Volumen, ohne zusammenzufallen oder aufzuplatzen. Deshalb werden Mehle mit hohem W-Wert auch „backstark" genannt.

Deutsches Weizenmehl Type 405 hat einen relativ niedrigen W-Wert von etwa 150, was für einen

Pizzateig eher ungeeignet ist, denn er würde nicht elastisch genug. Für eine wirklich gute Pizza braucht man ein Weizenmehl, das einen W-Wert von 230–320 aufweist, da so eine gute Balance zwischen Elastizität und Stabilität des Teiges gewährleistet wird.

Grundsätzlich gilt: Je höher der W-Wert, desto längere Teigführungen sind möglich bzw. notwendig. Wer also für seine Pizza eine lange Teigführung wünscht, was zur Verbesserung von Geschmack und Struktur führt, sollte Mehle mit hohem W-Wert wählen.

LUST AUF ANDERES MEHL? PROBIER ES AUS!

Wenn du mit dem Weizenmehl Type 00 schon einiges an Erfahrungen gesammelt hast, dann experimentiere auch einmal mit anderen italienischen Weizenmehlen wie Type 0 und 1. Sie haben einen etwas höheren Ausmahlungsgrad, enthalten also geringfügig mehr Schalenanteile und somit Ballaststoffe, was für einen leicht nussigen und rustikalen Geschmack sorgt.

Weizenmehl Teichners' Beste, Type 1

Das Beste aus zwei Welten: Ein hoher Proteingehalt von 15 %, eine erstaunliche Wasseraufnahmefähigkeit und ein tolles Aroma – das ist unsere in Italien produzierte Weizenmehl-Type-1-Mischung mit inaktiver Lievito Madre Naturhefe. Sie sorgt für einen rustikalen Geschmack und einen lockeren, luftigen Teig. Benutze es pur oder sei kreativ und ersetze dein Weizenmehl Type 00 durch 20 % Teichners' Beste Type 1 für einen leicht nussig-aromatischen Geschmack.

Was ist Lievito Madre Naturhefe? Lievito Madre ist ein italienischer Sauerteig, der aus Mehl und Wasser hergestellt wird und sich durch seine milde Säure und kräftige Triebkraft auszeichnet. Er hat eine festere Konsistenz als herkömmlicher Sauerteig und wird oft für Brot, Pizza und süßes Gebäck verwendet. Um exakte Teigführungen, wie sie in diesem Buch beschrieben werden, zu gewährleisten, haben wir uns bewusst für eine **inaktive** Lievito Madre Naturhefe entscheiden. Kurzgesagt: Die Teigführung bleibt gleich und der Geschmack wird besonders aromatisch.

MEIN TIPP FÜR EINE MEHLMISCHUNG Ich mische gern das Mehl Teichners' Beste Type 00 z.B. mit Teichners' Beste Type 1, das einen tollen rustikalen Geschmack beisteuert, da es einen höheren Ausmahlungsgrad hat. Ich empfehle ein Mischungsverhältnis von 80:20 (also 800 g Teichners' Beste Type 00 und 200 g Teichners' Beste Type 1). Ganz nebenbei wird die Pizza mit Ballaststoffen angereichert, was sie gesünder macht und auch für ein längeres Sättigungsgefühl sorgt. Die Mischung passt beispielsweise gut für 100%-Biga-Pizzateig, Pizzateig mit Biga, 48-Stunden-Pizzateig sowie Ciabatta, Focaccia und superluftige Blechpizza (S. 52, 58, 68, 88, 154 und 157).

GLUTENFREIES MEHL

Menschen, die an Zöliakie leiden oder Gluten nicht gut vertragen, müssen keinesfalls auf eine leckere Pizza verzichten. Es gibt glutenfreie Mehlmischungen, die man kaufen kann, z. B. das beliebte Caputo Fioreglut, aber du kannst ganz einfach selbst eine Mischung für einen glutenfreien Pizzateig (S. 80) herstellen, die sich mindestens 3–4 Monate hält.

ⓘ Für ca. 1015 g glutenfreies Mehl brauchst du: 400 g Reismehl, 290 g Buchweizenmehl, 150 g Tapiokastärke, 150 g Kartoffelstärke, 10 g Flohsamenpulver und 15 g Johannisbrotkernmehl. Alle Zutaten mischen – fertig!

KERNIG UND FEIN: SEMOLA

Als Hilfsmittel für das Formen der Pizzateiglinge wird meistens Semola rimacinata genommen, das leicht gelbliche italienische Hartweizenmehl, da es sich optimal eignet. Der Pizzateig klebt nicht, gleitet leicht in den Ofen, und es entsteht ein toller kerniger Geschmack an der Kruste und am Boden. Alternativ kannst du Weizenmehl nehmen oder Hartweizengrieß fein mahlen.

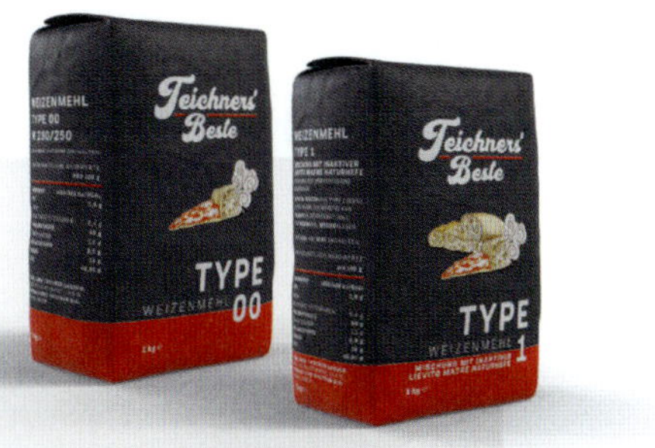

BELIEBTE WEIZENMEHLE UND IHRE WICHTIGSTEN EIGENSCHAFTEN

Herstellername	**Produktname**	**Type**	**Proteingehalt**	**W-Wert**	**empfohlene Wassermenge** in Bezug auf Mehlmenge	**empfohlene Ruhezeit** für Teigfermentation
Teichners	Teichners' Beste	00	13 %	230–250	65 %	ab 24 Stunden
Teichners	Teichners' Beste	1	15 %	280	70 %	24–72 Stunden
Caputo	Cuoco	00	13 %	300–320	60 %	ab 24 Stunden
Caputo	Classica Blu	00	11,5 %	200–230	55 %	24 Stunden
Caputo	Pizzeria Tradizionale	00	12–12,5 %	250–260	60 %	24 Stunden
Caputo	Nuvola	0	12,5 %	260–280	60 %	24–48 Stunden
Caputo	Nuvola Super	0	13,5 %	320–340	60 %	48–72 Stunden
Frießinger Mühle	La Farina 14	00	13–14 %	350–360	60 %	ab 24 Stunden
Frießinger Mühle	Farina speciale per Pizza	00	12 %	270–310	55 %	24 Stunden
Molino Dallagiovanna	leDivine – Anna	00	15 %	380	70 %	ab 24 Stunden
Molino Dallagiovanna	la Napoletana	00	12 %	310	55 %	24 Stunden
Molino Dallagiovanna	la Napoletana 2.0	0	13,5 %	310	65 %	24–48 Stunden
Molino Dallagiovanna	Uniqua Blu	1	15 %	380	70 %	48–72 Stunden
Le 5 Stagioni	Napoletana	00	13 %	300	60 %	24 Stunden
Molini Pizutti	Vesuvio	0	13 %	350	70 %	ab 24 Stunden
Molini Pizzuti	Pulcinella	0	13 %	280	60 %	ab 24 Stunden
Molini Pizzuti	Platinum	0	13 %	310	65 %	ab 24 Stunden

TEIGVORSTUFEN

APPETIZER ZUM AUFLOCKERN

Im Gegensatz zur direkten Teigführung, bei der alle Zutaten auf einmal gemischt und geknetet werden, stellt man bei der indirekten Teigführung zunächst einen Vorteig her, der später mit den restlichen Zutaten zu einem Hauptteig verarbeitet wird. Die direkte Methode erfordert weniger Zeit und Aufwand im Vergleich zu komplexeren indirekten Techniken, durch die sich allerdings in der Regel geschmacklich ausgeprägtere Ergebnisse erzielen lassen.

Autolyseteig
Für eine Autolyse werden Mehl und Wasser (normalerweise) ohne Zugabe von Triebmitteln vermischt. In der anschließenden Ruhephase, die 20–60 Minuten dauert, hydratisiert das Mehl und beginnt, ein Klebereiweißgerüst (Glutengerüst) aufzubauen. Damit erhält der Teig eine bessere Struktur und Textur und muss auch nicht mehr so lange geknetet werden. Ich arbeite sehr gern und oft mit Autolyseteigen. Sie sind einfach zu handhaben und in recht kurzer Zeit einsatzbereit.

Biga
Der Biga ist eine italienische Teigvorstufe, die aus Mehl, Wasser und Hefe hergestellt wird. Er ist von der Konsistenz her recht fest und in der Handhabung anspruchsvoll. Dafür wird man mit einem wunderbar aromatischen Teig belohnt. Ich bin großer Fan von Biga und liebe seinen Fermentationsduft sowie seinen besonderen, leicht nussigen Geschmack. Außerdem bilden sich während der Reifezeit besonders starke Klebereiweißketten, die unter anderem auch für einen besonders luftigen, hohen Rand sorgen.

Poolish
Der Poolish ist ein lockerer, eher flüssiger Vorteig, der aus gleichen Teilen Mehl und Wasser sowie einer kleinen Menge Hefe besteht und zum Fermentieren eine recht lange Ruhezeit braucht. Poolish intensiviert das Aroma des Teiges und sorgt für eine starke Glutenentwicklung.

Sauerteig
Beim Sauerteig (S. 15) sorgen natürlich vorkommende Hefepilze (wilde Hefe) und Milchsäurebakterien für die Fermentation. Backwaren, die mit Sauerteig hergestellt werden, bekommen einen charakteristischen Geschmack und sind gleichzeitig länger haltbar. In der Pizzawelt wird dieser Vorteig eher wenig verwendet, aber die Ergebnisse sind sehr interessant.

„Die Herstellung des Teiges
ist mittlerweile meine
Lieblingsbeschäftigung.“

BACKTRIEBMITTEL MIT ZAUBERKRAFT

ALL ABOUT HEFE

Backhefen sind einzellige Pilze, die bei der Teigherstellung für die Fermentation verantwortlich sind – das ist ein biochemischer Prozess, bei dem Zucker in Kohlendioxid und Alkohol umgewandelt wird. Durch diese Verstoffwechselung geht der Teig auf, er bekommt Volumen, wird luftig, und die Backwaren erhalten einen milden, leicht süßlichen Geschmack. So winzig, wie diese Mikroben sind, sie haben einen immensen Einfluss auf die Textur und den Geschmack des Teiges. Du kannst Hefe frisch oder getrocknet kaufen.

Frische Hefe

(Presshefe) wird meist in Würfelform verkauft und muss kühl gelagert werden. Man sollte sie zeitnah verwenden, denn bei längerer Lagerzeit verlieren die lebenden Hefezellen ihre Triebfähigkeit.

Trockenhefe

ist die dehydratisierte Form der Backhefe. Sie ist viel länger haltbar, einfach zu dosieren und damit eine praktische Alternative zur frischen Hefe.

Ich persönlich bin ein Fan von frischer Hefe, da ich damit bisher die besten Ergebnisse erzielt habe. Aber keine Sorge, in all meinen Rezepten kann man auch Trockenhefe nehmen, die ich übrigens genau wie frische Hefe verwende, das heißt, auch die Trockenhefe wird gegebenenfalls in Wasser aufgelöst. Da diese stärker konzentriert ist, braucht man nur ein Drittel der Menge von frischer Hefe.

ⓘ Der Umrechnungsfaktor beträgt 1:3. 1 g Trockenhefe entspricht also 3 g frischer Hefe.

Der Temperaturtanz der Hefe

Die Temperatur ist ein Schlüsselfaktor bei der Hefegärung. Sie sollte gleichbleibend sein, also nicht schwanken, und es sollte keine Zugluft geben. Je wärmer die Umgebungstemperatur ist, desto schneller entwickelt sich die Hefe im Teig. Deshalb wird bei Pizzateigen, die bei Raumtemperatur reifen, weniger Hefe verwendet als bei Teigen, die bei 5–6 °C im Kühlschrank reifen, da Kälte die Hefeaktivität deutlich drosselt.

ⓘ Hefe ist optimal aktiv bei Temperaturen zwischen 28 °C (Vermehrungsmaximum) und 32 °C (Triebmaximum). Über 45 °C sterben die Hefepilze ab. Unter 10 °C ist die Hefeaktivität stark verlangsamt.

Kleine Hefemengen abwiegen

Zum Abwiegen von sehr kleinen Hefemengen brauchst du eine Feinwaage. Falls keine verfügbar ist, kannst du die Menge auch abschätzen.

ⓘ 1 g frische Hefe entspricht der Größe einer Kichererbse, 0,5 g frische Hefe der Größe einer kleinen Erbse, und 0,1 g frische Hefe wäre ungefähr so groß wie ein Reiskorn.

Hefewürfel (42 g)

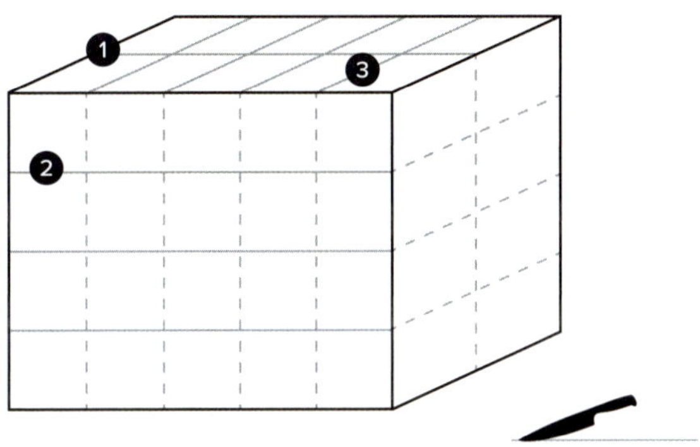

Das kleinste zugeschnittene Stück entspricht etwa 1 g Hefe.

Absolutes No-Go: Turbofermentation

Versuch nicht, mit einer Turbofermentation schnell ans Ziel zu kommen. Technisch wäre das in weniger als 1 Stunde mit entsprechend warmer Teigführung und mit viel Hefe möglich. Das Ergebnis würde dich aber enttäuschen, zudem würde der Teig deutlich nach Hefe schmecken. Ein Pizzateig braucht ganz einfach Zeit, und eine längere Teigführung macht ihn fast immer noch besser.

JETZT WIRD ES SAUER!

Um einen Sauerteig anzusetzen, benötigt man zwei Zutaten: Mehl und Wasser. Dafür ist Biomehl ideal, da es mehr Mikroorganismen wie Hefepilze (wilde Hefe) und Milchsäurebakterien enthält, die für die Fermentation verantwortlich sind. Während dieses Vorgangs werden komplexe Aromen entwickelt, die den kräftigeren Geschmack der Teigwaren prägen. Man kann Sauerteig zwar fertig kaufen, aber das Ergebnis wird um Meilen besser sein, wenn du ihn selbst ansetzt, was ganz einfach geht. Das Rezept für einen Pizzateig mit Sauerteig (Anstellgut) findest du übrigens auf S. 57.

Sauerteig ansetzen – Anstellgut

Tag 1: Mischen und Ruhen: 1. In einem hohen Schraubglas 50 g Weizenmehl Type 550 (idealerweise Biomehl) und 50 g kaltes Wasser (möglichst 5–6 °C) gründlich mit dem Kochlöffel vermengen, bis eine homogene Masse entsteht. Dann die Teigreste von der Gefäßinnenwand herunterschaben, um Schimmelbildung vorzubeugen. 2. Das Schraubglas mit dem passenden Deckel abdecken, aber nicht zuschrauben, sondern den Deckel nur auflegen. Die Mischung bei Raumtemperatur ca. 24 Stunden ruhen lassen.

Tag 2–4: Füttern: 1. 50 g Weizenmehl Type 550 (idealerweise Biomehl) und 50 g kaltes Wasser (möglichst 5–6 °C) zur Masse im Schraubglas hinzufügen. 2. Alles gut vermengen und erneut locker abgedeckt 24 Stunden an einem warmen Ort (idealerweise 24–28 °C) ruhen lassen.

Tag 5: Aktiver Sauerteig: Nun sollte der Sauerteig säuerlich riechen, aktiv sein und etwas blubbern. Dieses Anstellgut kann man zum Backen nehmen oder weiterfüttern und lebendig halten.

„Jedes Mal beeindruckend,
wie stabil und elastisch so ein
guter Pizzateig werden kann.“

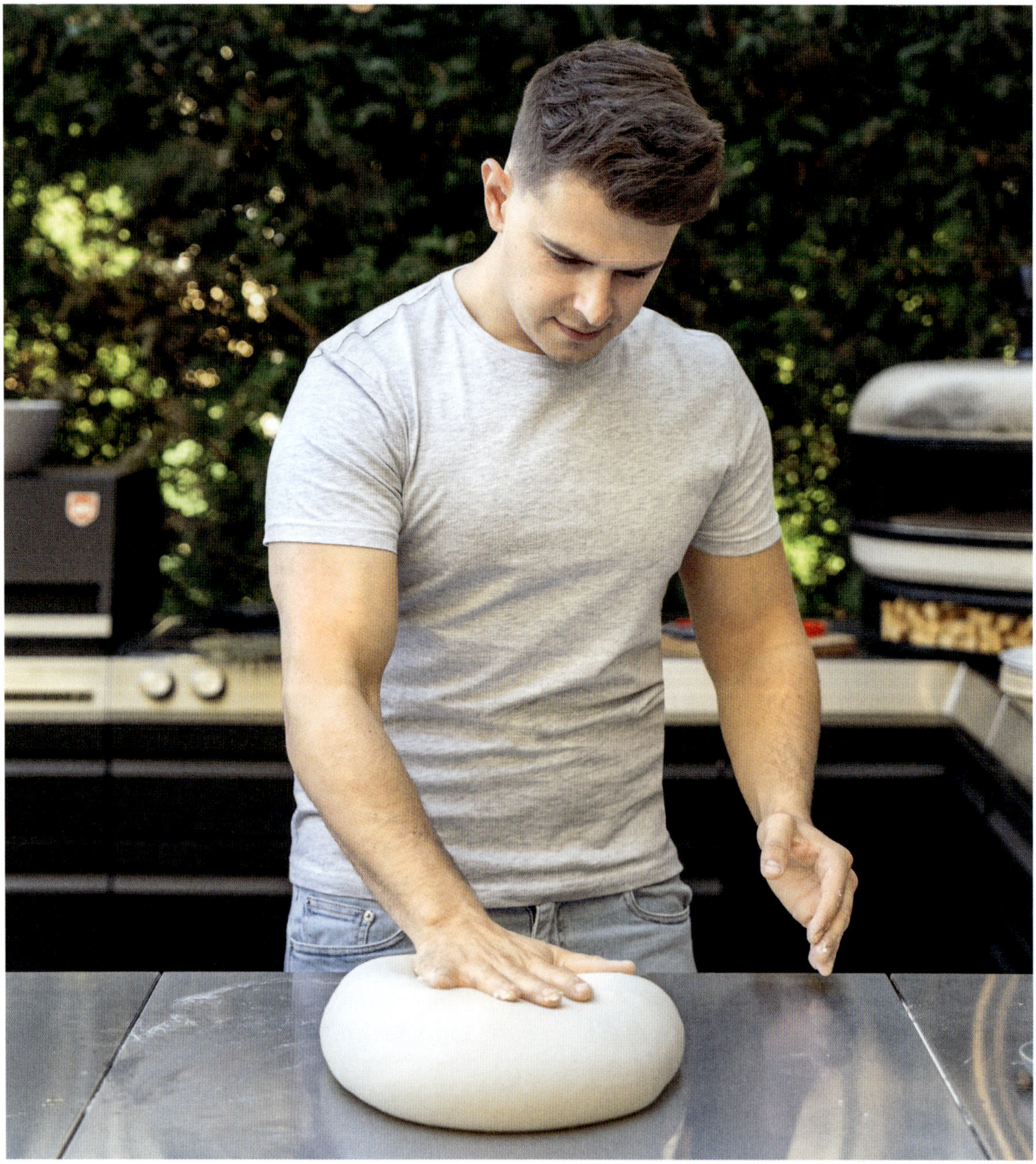

TEIG-WORKOUT: KNETEN

Durch das Kneten des angemischten Teiges werden Glutenstränge aufgebaut, und es entsteht ein stabiles Teiggerüst, das wir brauchen, um aus dem Teig später eine tolle Pizza zu backen. Das Kneten ist also ein sehr wichtiger Schritt, und ich zeige dir hier, worauf du achten musst. Bevor es losgeht mit dem Kneten, solltest du aber noch etwas über Teig- und Wassertemperatur sowie Salz und Knetgrad allgemein erfahren.

TEIG- UND WASSERTEMPERATUR

Es ist wichtig, dass der Teig beim Kneten nicht zu warm wird, sonst lässt er sich nicht mehr richtig auskneten. Beim Kneten von Hand entsteht durch die Reibung und die körpereigene Temperatur Wärme im Teig, aber auch in der Küchenmaschine erwärmt sich der Teig. Deshalb empfehle ich immer, mit sehr kaltem Wasser zu arbeiten. So erreicht man eine lange Knetdauer bei geringer Teigtemperatur.

ⓘ Für den Teig kaltes Wasser aus dem Kühlschrank verwenden (idealerweise 5–6 °C). Falls du kein Kühlschrankwasser da hast, kannst du auch 15 % der gesamten Wassermenge durch Eiswürfel ersetzen.

Svens Ratschlagrakete! Ich kontrolliere meine Teige immer mit einem Infrarot-Thermometer. Bei 24 °C Teigtemperatur stoppe ich die Maschine, damit der Teig nicht zu warm wird. Aber mit etwas Erfahrung kannst du auch so einschätzen, in welchem Zustand dein Teig gerade ist.

EINFLUSS VON SALZ AUF DEN TEIG

Salz beeinflusst die Hefeaktivität und die Glutenbildung. Zu wenig Salz kann den Geschmack beeinträchtigen, während zu viel die Hefe hemmen kann. Die richtige Salzmenge ist also ausschlaggebend für eine erfolgreiche lange Teigführung.

KNETGRAD DES TEIGES UND FENSTERPROBE

Wie erkennt man, wann der Teig optimal ausgeknetet ist? Hier einige Anhaltspunkte für dich:

Ausgeknetet: Der Teig ist homogen und schön geschmeidig.

Zu wenig geknetet: Der Teig ist inhomogen, nicht geschmeidig genug, und er reißt schnell.

Überknetet: Der Teig ist sehr klebrig, kleisterartig und beginnt zu glänzen. Das ist ein Zeichen dafür, dass das Teiggerüst schon wieder abgebaut wird, der Teig verliert seine Stabilität und zerläuft. In einem fortgeschrittenen Stadium ist er gar nicht mehr zu retten, aber wenn er noch im Übergangsstadium ist, dann lass den Teig 15 Minuten abgedeckt ruhen.

Fensterprobe: Mit der „Fensterprobe“ kann man prüfen, ob der Teig optimal ausgeknetet und das Teiggerüst stabil ist. Dazu mit beiden Händen vorsichtig etwas vom gekneteten Teig greifen und langsam in die Länge ziehen. Wenn er sich zu einer dünnen, fast durchscheinenden Haut ausziehen lässt, ohne zu reißen, dann ist der Teig perfekt und kann nun gedehnt und gefaltet werden (S. 22).

Durchwalken

Links-rechts-Kombination (1)

Links-rechts-Kombination (2)

Rüsseltechnik (1)

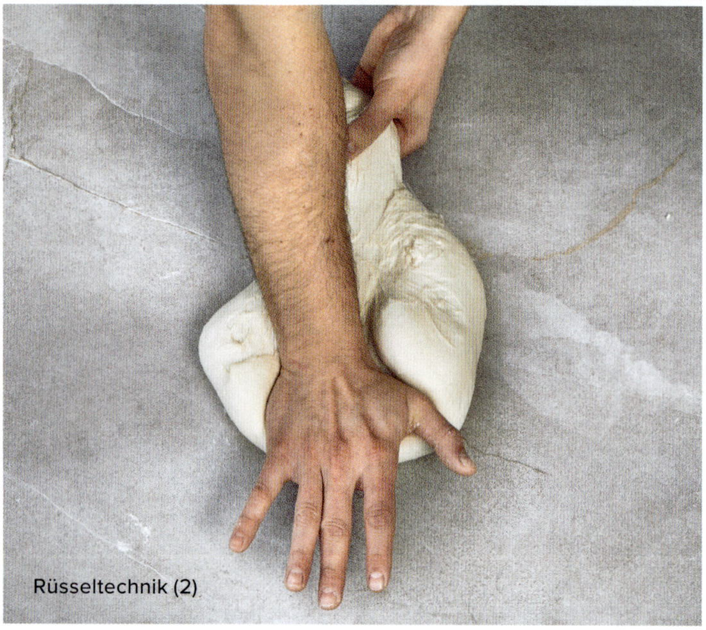
Rüsseltechnik (2)

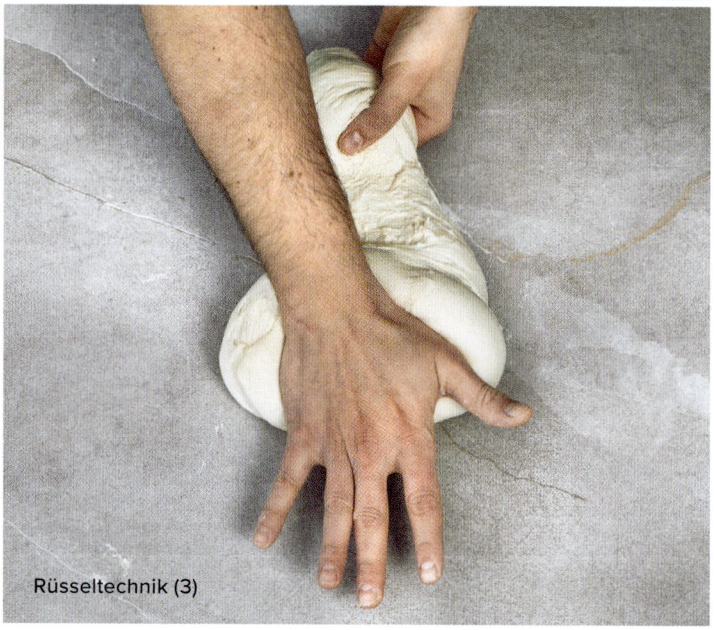
Rüsseltechnik (3)

KNETEN VON HAND – MEDITATION PUR

Das Kneten von Hand ist die traditionelle Methode, die etwas sehr Meditatives hat. Gerade für Anfänger empfehle ich, den Pizzateig erst einmal von Hand zu kneten, um das Material kennenzulernen. Man bekommt so ein besseres Gefühl für die verschiedenen Entwicklungsstufen des Teiges. Unterschieden wird zwischen Mischphase und Knetphase.

Mischphase: Die Zutaten in eine Schüssel geben und vermengen oder kurz ankneten. In dieser Phase bindet das Mehl das Wasser und beginnt zu quellen, und es bilden sich Glutenstränge. Dieser Vorgang dauert ca. 5 Minuten.

Knetphase: Die grobe Teigmasse auf die Arbeitsfläche geben und auskneten. Dabei wird sie glatter, das Glutengerüst entwickelt sich, und der Teig wird stabil und geschmeidig. Durch diesen langsamen Prozess bekommt man das Gefühl fürs richtige Kneten. Die Knetzeit ist je nach Zusammensetzung des Teiges unterschiedlich, bei meinen Rezepten hier dauert es 10–20 Minuten.

Knetmethoden

Walzen, walken, ziehen, drücken, dehnen, drehen, rollen ... Es gibt die unterschiedlichsten Knetmethoden, wobei das Kneten mit den Handballen besonders effektiv ist. Hier einige gängige Knettechniken: Dabei solltest du beachten, dass der Pizzateig ohne zusätzliches Mehl geknetet wird.

Durchwalken: Den Teig mit beiden Handballen mit Druck nach vorn schieben und wieder zurückziehen, zwischendurch umschlagen, um 90 Grad drehen und mit den Handballen weiter kraftvoll durcharbeiten.

Links-rechts-Kombination: Dazu abwechselnd mit beiden Handballen den Teig schräg nach vorn drücken, und zwar mit der rechten Hand schräg nach links und mit der linken Hand schräg nach rechts. Durch die drückende Vorwärtsbewegung wird der Teig ideal durchgeknetet.

Rüsseltechnik: Den Teig zu einer länglichen Rolle walken, mit Schwung anheben und auf die Arbeitsfläche schlagen, dann von der Spitze bis zum Ende durchwalken, dabei immer wieder umschlagen und um 90 Grad drehen.

Svens Ratschlagrakete! Ich arbeite sehr gern mit einer hohen Hydratation von bis zu 75 % Wasseranteil, da der Teig dann sehr luftig wird, aber festere Teige lassen sich einfacher kneten als weichere. Deshalb empfehle ich Anfängern immer, zunächst mit einem etwas geringeren Wasseranteil zu arbeiten, also mit einer Hydratation von 60–65 % (60 % Hydratation: 1 kg Mehl + 600 g Wasser; 65 % Hydratation: 1 kg Mehl + 650 g Wasser).

GANZ GECHILLT – KNETEN MIT DER MASCHINE

Das Kneten von Hand kann bei größeren Teigmengen oder bei Vorteigen wie Biga sehr anstrengend sein. Wer eine Küchenmaschine oder sogar einen Spiralkneter besitzt, darf diesen gern benutzen. Wichtig ist, dass der Teig sich möglichst nicht erwärmt. Es gibt vor allem zwei gängige Maschinen, um Teig zu kneten:

Küchenmaschine / Planetenrührwerk

Bei einem Planetenrührwerk kreist der Knethaken in der Schüssel der Küchenmaschine und dreht sich gleichzeitig um die eigene Achse. Dieses planetarische Bewegungsmuster sorgt für eine gleichmäßige und gründliche Vermengung der Zutaten in der Schüssel. Das Problem: Der Teig erwärmt sich sehr schnell, was zum Abbau des Glutengerüsts führen kann. Hinzu kommt, dass der Teig oft am Knethaken nach oben wandert.

ℹ Falls der Teig sich am Knethaken hochzieht, stopp die Maschine und streife den Teig nach unten, dann darf weitergeknetet werden. Wenn sich der Teig nicht nur etwas, sondern vollständig bis zur Hakenaufnahme hochzieht, ist es ein Zeichen dafür, dass er zu warm geworden ist. In diesem Fall nicht mehr weiterkneten, sondern den Teig mit feuchten Händen vom Haken abziehen, auf die Arbeitsfläche stürzen, ein paar Mal dehnen und falten (S. 22) und dann etwa 15 Minuten abgedeckt ruhen lassen.

Spiralknetmaschine

Ein Spiralkneter bringt das Pizzagame auf das nächste Level. Die rotierende spiralförmige Stange, die sich im Inneren der sich drehenden Schüssel befindet, knetet einen besonders homogenen Teig. Durch die rotierende Schüssel ist die Wärmeentwicklung im Teig deutlich geringer als bei herkömmlichen Küchenmaschinen. Auch sorgt die sogenannte Brechstange in der Mitte der Schüssel dafür, dass das Gluten bei jeder Umdrehung bricht. Das fördert die Bildung eines starken Klebereiweißgerüsts (Glutengerüst). Leider sind Spiralkneter reine Knetmaschinen für Teige und besitzen keine Zusatzfunktionen, dafür kneten sie den Teig aber besonders gut. Wer sich also intensiv und oft mit Pizza und diesem Buch beschäftigen möchte, der wird den Spiralkneter lieben.

„Bei der Teigherstellung
immer mit kaltem
Wasser arbeiten.“

TEIGAKROBATIK

DEHNEN, FALTEN, SCHLEIFEN, RUNDWIRKEN UND COIL-FOLD-METHODE

Die meisten Teige hier im Buch werden nach dem Kneten noch gedehnt, gefaltet, geschliffen, rundgewirkt oder mit der Coil-fold-Methode bearbeitet. Der Hauptzweck besteht darin, dem weichen Teig zusätzliche Struktur zu verleihen und seine Stabilität und Elastizität zu erhöhen.

Dehnen, falten, schleifen, rundwirken
Für weiche Teige wie Hefeteig ist das Dehnen und Falten, auch „stretch and fold" genannt, besonders wichtig, denn dadurch wird das Klebereiweißgerüst (Glutengerüst) gestärkt. Man kann sich einen Glutenstrang wie einen dehnbaren Draht vorstellen. Zieht man den Draht in die Länge und faltet ihn, so ist er zweilagig und wird stabiler, wiederholt man die Prozedur, verstärkt man das Ergebnis. Analog dazu passiert das Gleiche bei den Klebereiweißketten im Teig. Und das anschließende Schleifen sorgt dafür, dass die Teigkugel noch mehr Spannung bekommt.

Dehnen, falten und schleifen für die Stockgare: Um den Teig für die Stockgare vorzubereiten, wird er nach dem Kneten auf der Arbeitsfläche gedehnt und gefaltet, dabei wird, falls im Rezept nicht explizit angegeben, kein Mehl verwendet:

ⓘ Mit beiden Händen in der Mitte unter den Teig greifen, diesen nach oben ziehen, sodass er sich von der Arbeitsfläche löst und nachgibt, also länger wird. Das untere Ende des Teiges wieder auf die Arbeitsfläche legen und das obere Ende, an dem man den Teig hält, darüberfalten. Anschließend von den anderen beiden Seiten beginnend unter den Teig greifen, sodass er sich beim Aufnehmen sozusagen um 90 Grad dreht, dann leicht anheben und wieder falten. Diesen Vorgang 2–3-mal wiederholen, bis der Teig schön stabil ist.

Nach dem Dehnen und Falten folgt das Schleifen des Teigs, was auch Rundschleifen genannt wird, um eine schöne Teigkugel mit Spannung zu erhalten:

ⓘ Direkt nach dem Dehnen und Falten den Teig mit beiden Händen umgreifen und mit sanftem Druck über die Arbeitsfläche in raschem Tempo leicht rotierend zu sich ziehen, sodass eine schön pralle und glatte Teigkugel mit Spannung entsteht.

Dann ist der Teig bereit für die Stockgare, also die Ruhe- oder Gärphase des noch ungeteilten Teiges.

Attenzioneee! Den Teig beim Dehnen, Falten und Schleifen nicht überspannen, denn die Glutenketten können auch reißen. Sollte das passieren, den Teig abdecken und 15 Minuten ruhen lassen.

TIPP Beim Arbeiten mit klebrigem Teigen empfehle ich immer, mit zügigen Bewegungen zu arbeiten und die Hände anzufeuchten. Dadurch klebt der Teig nicht so schnell an der Haut fest.

1

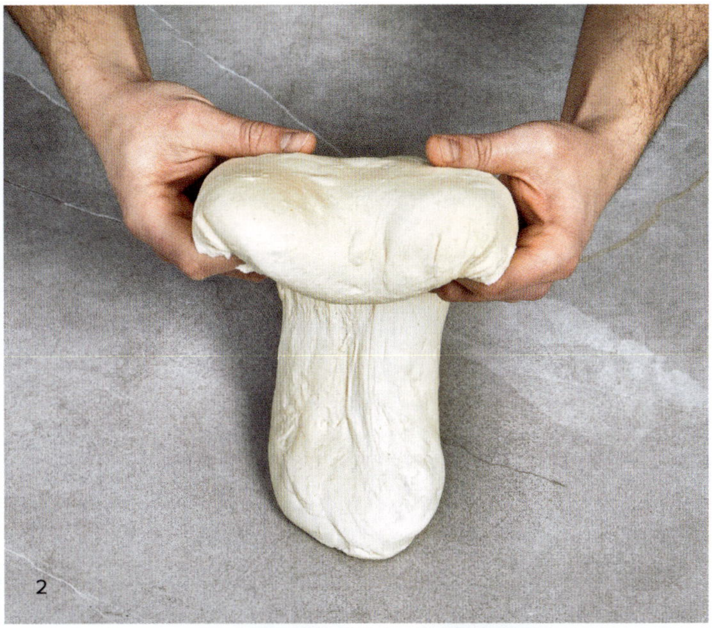
2

3

4

5

6

1

2

3

4

5

6

„Bei so schönen Teiglingen kann man doch nur glücklich sein, oder?“

Rundwirken und Schleifen für die Stückgare: Nach der Stockgare wird der Teig portioniert, dann rundgewirkt und geschliffen bzw. rundgeschliffen. Diese Arbeitsschritte sind wichtig, damit die Gärgase während der Stückgare im Teig gehalten werden und die Teiglinge nicht zerlaufen. Wieder wird, falls im Rezept nicht explizit angegeben, kein Mehl verwendet.

i Den gereiften Teig auf die Arbeitsfläche stürzen, je nach Angaben im Rezept in gleich große Stücke teilen bzw. abstechen und rundwirken. Dazu ein Teigstück an einer Seite nach außen hin etwas hochziehen, nach innen zur Mitte hin legen und andrücken, von den anderen drei Seiten überlappend wiederholen und wenden, sodass die Naht unten liegt.

Nach dem Rundwirken folgt wie bei der Vorbereitung zur Stockgare wieder das Schleifen:

i Direkt nach dem Rundwirken den Teig mit beiden Händen umgreifen und mit sanftem Druck über die Arbeitsfläche in raschem Tempo leicht rotierend zu sich ziehen, sodass eine schöne kleine Teigkugel mit glatter Oberfläche und Spannung entsteht.

Danach werden die Teiglinge in eine sogenannte Pizzaballenbox gelegt, abgedeckt und gehen in die Stückgare, also Endgare oder letzte Reifephase des portionierten Teiges.

Spielend überspult mit der Coil-fold-Methode

Auch dies ist eine Technik, bei der gefaltet und gedehnt wird, aber im Gegensatz zum klassischen Dehnen und Falten wird der Teig bei der Coil-fold-Methode nicht so stark ausgezogen oder gedehnt, sondern nur schonend zusammengelegt und andeutungsweise eingerollt. Darauf weist bereits die Bezeichnung hin, denn „coil“ bedeutet „Spule“.

Ein Vorteil ist, dass die Gärgase, die während der Stockgare entstehen, durch die Coil-fold-Methode schön gleichmäßig im Teig verteilt werden. Gleichzeitig wird frischer Sauerstoff eingearbeitet, was die Hefeaktivität fördert, die Fermentation unterstützt und das Gashaltevermögen des Teiges verstärkt. In den Ruhephasen quellen die Mehlanteile weiter auf, und das Gluten entspannt sich.

Durch den intervallartigen Wechsel von schonendem Dehnen und Falten sowie Ruhezeiten erzielt man hervorragende Ergebnisse mit gutem Teigvolumen. Die Coil-fold-Methode ist damit eine äußerst wirkungsvolle Technik, um hochhydratisierte weiche Teige, also Teige mit hohem Flüssigkeitsgehalt, zu stärken und zu straffen.

Dehnen und Falten mit der Coil-fold-Technik

ⓘ Den Teig in eine geölte große Frischhaltebox legen, dann mit beiden angefeuchteten Händen etwa mittig unter den Teig greifen, ein Ende nach oben ziehen und den Rand davon so legen, dass er nach unten eingefaltet wird bzw. sich einrollt. Das Gleiche mit der gegenüberliegenden Seite wiederholen. Die Box um 90 Grad drehen und den Vorgang wiederholen. Je nach Weichheit und Stabilität des Teiges kann dies mehrmals wiederholt werden. Am Ende sollte der Teig eine kompakte, rechteckige Form annehmen.

Die Anzahl der durchgeführten Coil-fold-Durchgänge variiert je nach Teigbeschaffenheit. Mit der Zeit entwickelt man ein feines Gespür dafür, wann man mit dem Falten aufhören sollte – der Teig darf keinesfalls zu reißen beginnen. Nun beginnt die erste Ruhephase:

ⓘ Nach den schonenden Coil-fold-Durchgängen den Behälter abdecken oder verschließen und den Teig ruhen lassen. Üblicherweise sind es 30 Minuten (mindestens 20 Minuten oder bis zu 1 Stunde).

Dann folgen die Wiederholungen:

ⓘ Nach der Ruhezeit den gesamten Vorgang – Dehnen und Falten nach der Coil-fold-Methode sowie Ruhezeit – noch 2–3-mal, je nach Angaben im Rezept, wiederholen.

Diese Technik eignet sich besonders gut bei hochhydratisierten Teigen, wie zum Beispiel Focaccia (S. 157), Ciabatta (S. 154) und Blechpizzateig (S. 88), denn hier möchte man eine große, luftige Porung erreichen, was durch das schonende Dehnen und Falten sehr gut gelingt.

1

2

3

4

5

6

DIE ZEIT MACHT'S

REIFEZEITEN UND REIFETEMPERATUREN

Es gibt verschiedene Methoden, einen Teig reifen zu lassen, z.B. lange und kurze Teigführung sowie warme und kalte Teigführung. Was sich dahinter verbirgt, beschreibe ich hier.

Lange und kurze Teigführung

Einer der wichtigsten Faktoren, die das Reifen eines Teiges beeinflussen, ist die Dauer der Ruhephasen. Dabei wird zwischen langer und kurzer Teigführung unterschieden. Je länger der Teig reifen darf, desto luftiger, aromatischer und bekömmlicher wird er, denn ein hochwertiger Teig benötigt Zeit, um sein volles Aroma zu entfalten und die ideale Konsistenz zu erreichen. Achte aber darauf, den Teig nicht zu lange reifen zu lassen, da er sonst überfermentieren kann und letztendlich zusammenfällt. Kontrolliere also zwischendurch den Reifegrad, zum Beispiel mit dem Drucktest:

ⓘ Für den Drucktest einfach mit dem Zeigefinger behutsam in den Teigling drücken. Wenn die Mulde nicht sofort zurückspringt, sondern einige Sekunden braucht, dann ist der Teig ideal, um weiterverarbeitet zu werden.

Warme und kalte Teigführung

Neben der Reifedauer ist die Umgebungstemperatur ein weiterer wichtiger Faktor, der den Reifeprozess eines Teiges beeinflusst, dabei unterscheidet man zwischen warmer und kalter Teigführung. Es gibt keine ganz exakte Definition, aber von warmer Teigführung spricht man, wenn der Teig bei 20–30 °C reift. Auch für die kalte Teigführung gibt es keinen festgelegten Wert, aber meist reifen die Teige bei

5–10 °C. Für meine Pizzateige bevorzuge ich entweder Kühlschranktemperatur oder Raumtemperatur. Beide Möglichkeiten haben Vor- und Nachteile.

Teigführung bei Kühlschranktemperatur: Ich persönlich bin ein Fan von kalter Teigführung, da man zeitlich relativ flexibel ist und die Teigführung präzise steuern kann. Durch die lange Reifezeit entwickelt der Teig außerdem geschmacklich komplexere Aromen. Es gibt auch Pizzaballenboxen, die perfekt in jeden haushaltsüblichen Kühlschrank passen.

Für die kalte Teigführung ist eine Kühlschranktemperatur von 5–6 °C ideal. Durch die niedrige Temperatur wird die Hefeaktivität verringert, und der Pizzateig kann in einem langsamen, kontrollierten Tempo fermentieren.

Teigführung bei Raumtemperatur: Die Teigreife bei Raumtemperatur hat den Vorteil, dass man keinen Platz im Kühlschrank braucht.

Ein Pizzateig reift optimal bei einer Raumtemperatur von 20–22 °C. Du solltest also vor allem im Sommer und Winter auf die Raumtemperatur achten, denn bereits ein Unterschied von 5 °C mehr oder weniger kann die Reifezeit fast halbieren oder verdoppeln.

Zusammenspiel von Temperatur, Ruhezeit und Hefe

Die Funktionsweise ist simpel: Je niedriger die Umgebungstemperatur, umso länger dauert es, bis der Hefeteig aufgeht und sich vollständig entwickelt. Je wärmer es ist, desto schneller läuft der Fermentierungsprozess ab. Mehr Hefe bedeutet schnelleres, weniger Hefe langsameres Reifen.

Anpassung an die Raumtemperatur: An heißen Sommertagen die Reifezeiten für die Stockgare und Stückgare verkürzen oder weniger Hefe verwenden; an kalten Wintertagen die Reifezeiten verlängern oder mehr Hefe nehmen. Oder du kannst beide Maßnahmen kombinieren, also die Zeit verlängern beziehungsweise verkürzen und gleichzeitig die Hefemenge erhöhen beziehungsweise verringern. Um sicherzugehen, zum Schluss den Drucktest machen (S. 28). Die folgende Tabelle gibt dir einige Anhaltspunkte.

Umgebungstemperatur	Anpassung von Reifezeit ODER Hefemenge an den mittleren Wert	Anpassung von Reifezeit UND Hefemenge an den mittleren Wert
16 °C	ca. +8 Stunden oder ca. +1 g Hefe	ca. +4 Stunden und ca. +0,7 g Hefe
19 °C	ca. +4 Stunden oder ca. +0,5 g Hefe	ca. +2 Stunden und ca. +0,4 g Hefe
21 °C	**8 Stunden und ca. 2 g Hefe**	**8 Stunden und ca. 2 g Hefe**
23 °C	ca. –2 Stunden oder ca. –1 g Hefe	ca. –1,5 Stunden und ca. –0,6 g Hefe
26 °C	ca. –4 Stunden oder ca. –2 g Hefe	ca. –3 Stunden und ca. –1,2 g Hefe

JETZT GEHT'S RUND!

PIZZATEIG AUSZIEHEN, BELEGEN UND EINSCHIESSEN

Pizzaboden formen

Mit dieser Anleitung gelingt eine runde fluffige Pizza garantiert. Verwendet wird ein Pizzateigling, der den vollständigen Reifezyklus hinter sich hat und fertig zur Weiterverarbeitung ist.

Arbeitsfläche vorbereiten

ⓘ Ein Bett aus Semola auf die Arbeitsfläche häufen, um ein Ankleben des Teiglings zu verhindern. Es fällt beim Ausziehen des Pizzabodens später größtenteils von allein wieder ab.

Lösen eines Teiglings aus der Box

ⓘ Den Teigballen in der Pizzaballenbox mit etwas Semola bestreuen, auch die Ränder. Mit dem Teigspachtel rundum von den anderen Teiglingen bzw. von der Boxwand lösen. Den Teigspachtel zum Entnehmen ansetzen, dabei die Stelle noch mit extra Semola bestreuen, dann den Teigspachtel unter den Teigballen schieben, vorsichtig anheben, herausheben (1) und auf das Semolabett geben (2, 3). Einige Male darin wenden, damit keine klebrigen Stellen verbleiben.

Die Teiglinge sind zwar empfindlich, aber ich empfehle, mit Selbstbewusstsein zu agieren und beim Herausheben nicht zu zögern.

Teig formen und ausziehen

ⓘ Den Teigling mit den Händen schön rund formen (4). Mit ca. 2 cm Abstand zum Rand beginnend die Fingerkuppen (die Finger liegen eng beieinander) ansetzen und die Luft von unten nach oben vorgehend in den Rand drücken (5). Vorsichtig arbeiten, aber mit genügend Druck. Dabei kann man die Dicke des Randes selbst bestimmen. Den Teigfladen wenden und den Vorgang wiederholen (6).

Wenn die innere Teigfläche etwa Handgröße erreicht hat (7), wird er in der Luft ausgezogen:

ⓘ Den Pizzaboden auf einen Handrücken legen (8), im gleichen Zug mit der anderen Hand das Semola auf der Arbeitsfläche schnell zur Seite schieben (9), dann mithilfe beider Handrücken den Teig mit Gefühl rotierend zu einem 26–28 cm großen Kreis ausziehen (Daumen oben, aber nicht abgespreizt, Handrücken sind etwa senkrecht) (10).

Ein Teil des Teiges hängt dabei herunter, und die Schwerkraft zieht ihn sozusagen von allein aus. Beim Rotieren ist es hilfreich, den Teig zwischendurch einmal gegen das Licht zu halten, um die Dicke des Bodens und eventuell ungleichmäßige Stellen zu kontrollieren.

ⓘ Den Pizzaboden wieder auf die Arbeitsfläche legen (11). Er ist nun bereit zum Belegen (12).

Rotazione mit Passione: Formen mit der DJ-Technik:

Manche trauen sich zu Beginn nicht, den Teigboden in der Luft rotierend zu formen. Ich zeige dir als Alternative die DJ-Technik:

ⓘ Hierbei wird der Teig zunächst wie beschrieben mit den Fingerkuppen geformt. Dann wird der Teigfladen auf der Arbeitsfläche mit den Händen wie eine Schallplatte gedreht und dabei gleichzeitig zu einem 26–28 cm großen Kreis ausgezogen.

Da bei dieser Technik mehr Semola haften bleibt, solltest du das überschüssige Semola durch Hochheben des Teigbodens abschütteln.

1

2

3

4

5

6

7

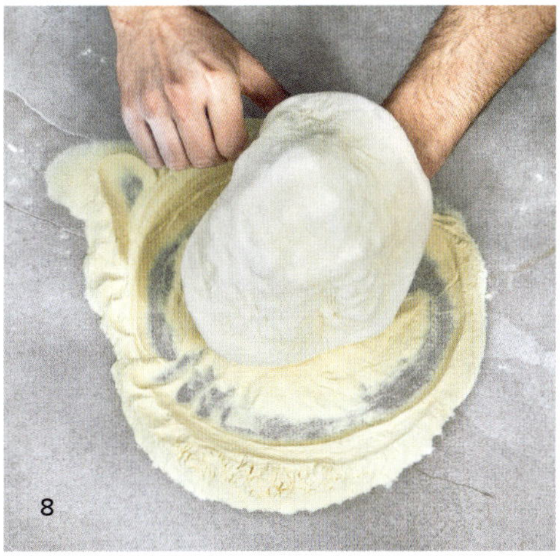
8

9

10

11

12

Besonderheit beim Ausziehen von glutenfreiem Teig: Da der Teig mit glutenfreiem Mehl kein Glutengerüst entwickeln kann, muss man beim Ausziehen etwas anders vorgehen.

Ein Bett aus glutenfreiem Mehl auf die Arbeitsfläche häufen. Die Teiglinge leicht mit glutenfreiem Mehl bestäuben, vorsichtig aus der Box heben und auf das Mehlbett legen. Mit den Fingerkuppen die Luft von unten nach oben vorgehend Richtung Rand (Breite nach Wahl) drücken. Den Teig um 180 Grad drehen (nicht wenden!) und den Vorgang wiederholen, sodass ein 28–30 cm großer Kreis entsteht.

Attenzioneee! Der Teig hat kaum Stabilität, deshalb ist es wichtig, gefühlvoll nur mit den Fingerkuppen zu arbeiten, bis die gewünschte Größe erreicht ist. Zu selbst gemischtem glutenfreien Mehl siehe S. 10.

Pizzaboden belegen

Beim Belegen der Pizza darf man sich nicht zu viel Zeit lassen, da die Sauce den Teig durchweichen kann, sodass er an der Arbeitsfläche festklebt. Auch die anderen Zutaten sollten möglichst schon vorbereitet sein. Außerdem sollte man die Pizza nicht zu dick und zu nass belegen.

Alternative zu Fior-di-latte-Mozzarella: Fior di latte bedeutet „Blume der Milch“. Für Pizza sollte man am besten Fior-di-latte-Mozzarella verwenden, der aus Kuhmilch hergestellt wird und ideale Schmelzeigenschaften hat. Er ist fester als der gewöhnliche in Salzlake eingelegte Mozzarella (aus Kuh- oder Büffelmilch) und wässert nicht. Falls du also herkömmlichen Mozzarella verwendest, solltest du ihn vorher unbedingt entwässern:

Den herkömmlichen Mozzarella in 8 × 8 × 40 mm große Stifte schneiden, in ein Sieb geben, dieses über eine Schüssel hängen und die Käsestäbchen 4–5 Stunden im Kühlschrank (oder über Nacht) abtropfen lassen.

Auf den Pizzaschieber ziehen, nachformen und Schuss in den Ofen

Den belegten Pizzaboden auf den leicht mit Semola bestäubten Pizzaschieber ziehen, mit den Fingern unter die Pizza greifen und durch Dehnen zu einem 30–33 cm großen Kreis ausziehen.

Auch hierbei empfehle ich wieder, mit Selbstbewusstsein zu agieren, da das Zögern gern Unfälle verursacht. Nur so viel Semola verwenden wie notwendig. Nimmt man zu viel, kann es verbrennen und den Geschmack der Pizza negativ beeinflussen.

Einschießen mit Selbstbewusstsein: Das Befördern des Backguts in den vorgeheizten Ofen nennt man fachsprachlich „einschießen“. Auch hierfür gibt es verschiedene Techniken, die sowohl für den Pizzaofen als auch für den Backofen gelten.

Einfachste Methode: Das Ende des Pizzaschiebers auf den Pizzastahl oder -stein legen und die belegte Pizza unter leicht ruckenden Bewegungen vom Schieber rutschen lassen.

One-Shot-Methode: Das Ende des Pizzaschiebers auf den Pizzastahl oder -stein legen und den Schieber mit einem einzigen kräftigen Zug wegziehen. Durch den starken Ruck gleitet die Pizza fast von allein in den Ofen.

Attenzioneee! Um Verletzungen von Gästen, die dir neugierig über die Schulter schauen, durch den Pizzaschieberstiel zu vermeiden, vor dem Einschießen in den Ofen (und nachher beim Herausholen) den Schulterblick nicht vergessen!

Heilig's Blechle! Ein Loch im Boden beim Ausziehen der Pizza!?

Es kann schon mal passieren, dass beim Ausziehen des Pizzabodens ein kleines Loch entsteht. Keine Sorge. Dann einfach ein ausreichend großes Basilikumblatt nehmen, zwischen den Handflächen platt klatschen und unter das Loch im Pizzaboden legen. Falls notwendig, vorher eventuell herausgeflossene Tomatensauce vom Pizzaschieber wischen. Dann das Loch von oben mit einem Stück Mozzarella abdichten. Anschließend wie gewohnt in den Ofen einschießen und backen. Es funktioniert!

Falls der Schaden zu groß ist, dann kannst du auch eine „Unfall-Calzone" zaubern, also die defekte Teighälfte einfach über die andere Hälfte klappen und wie im Rezept (S. 126) vorgehen.

PIZZAOFEN-GUIDE

PERFEKTE PIZZA AUS DEM PIZZAOFEN

Jeder Pizzaofen ist anders, aber eine Pizza sollte sowohl oben als auch unten perfekt gebacken werden. Das funktioniert nur, wenn das Verhältnis von Ober- und Unterhitze ideal ist. Deshalb ist es wichtig, den Pizzaofen lange genug auf höchste Temperatur vorzuheizen.

Vorheizen

Den Elektro-, Gas- oder Holz-Pizzaofen nach den Herstellerangaben auf die im Rezept angegebene Temperatur vorheizen: Je nach Größe, Art und Leistung der Hitzequelle kann das mindestens 15 Minuten, aber auch bis zu 1 Stunde dauern.

Die ideale Steintemperatur liegt bei den gängigsten Pizzaöfen, die mit einer Cordierit- oder Schamotteplatte ausgestattet sind, bei 410–430 °C in der Ofenmitte. Viele Öfen besitzen zwar ein integriertes Thermometer, das aber nicht an verschiedenen Stellen messen kann. Ich empfehle zum Messen der Steintemperatur deshalb ein Infrarot-Thermometer. Damit lässt sich jederzeit ganz bequem die Temperatur auf dem Pizzastein ablesen. So kann man sicherstellen, dass der Pizzaboden ideal und gleichmäßig gebacken wird.
Svens Ratschlagrakete! Die meisten Infrarot-Thermometer haben verschiedene Einstellungen für unterschiedlich stark reflektierende Oberflächen. Schau darum in die Bedienungsanleitung.

BACKEN IM ELEKTRO-PIZZAOFEN

Das Backen im Elektro-Pizzaofen ist komfortabel, da die Hitze im Ofen relativ gleichmäßig ist.

Nach dem Einschießen in den vorgeheizten Elektro-Pizzaofen die Pizza 90–120 Sekunden (falls im Rezept nicht anders angegeben) backen, dabei die Pizza bei Bedarf zwischendurch einmal mit dem Turning Peel drehen, damit sie gleichmäßig bräunt, und auch den Backgrad des Bodens kontrollieren.

Pizza ferticooo!

BACKEN IM GAS-PIZZAOFEN

Beim Backen im Gasofen muss man die Positionierung und Richtung der Hitzequelle beachten. Oft wird der Gasbrenner hinten oder seitlich im Ofen verbaut. Dadurch heizt sich der Stein ungleichmäßig auf, das heißt, man hat in Richtung des Brenners deutlich mehr Hitze auf dem Stein.

Damit die Pizza gleichmäßig backt, nach dem Einschießen in den Gas-Pizzaofen den Gasbrenner von 100 % auf 50 % reduzieren und den Pizzaboden zunächst 15–30 Sekunden backen.

In dieser Zeit hat der Boden genug Zeit, stabiler zu werden, sodass die Pizza beim anschließenden Drehen nicht zerstört wird.

Nun die Pizza mit dem Turning Peel drehen: Die erste Drehung sollte dabei eine 180-Grad-Rotation sein, da der Pizzastein nah am Gasbrenner heißer ist. Nach der ersten Rotation die Stärke des Brenners wieder auf 100 % erhöhen und die Pizza unter mehrmaligem Rotieren mit dem Turning Peel fertig backen (Gesamtbackzeit 90–120 Sekunden, falls im Rezept nicht anders angegeben), dabei auch den Backgrad des Bodens kontrollieren.

TIPP Falls du keinen Turning Peel besitzt: mit dem Pizzaschieber die Pizza etwas aus dem Ofen ziehen, mit der Hand drehen und wieder in den Ofen geben.

BACKEN IM HOLZ-PIZZAOFEN

Beim Backen im Holz-Pizzaofen muss man ebenfalls auf die Position der Hitzequelle achten.

Damit die Pizza gleichmäßig backt, nach dem Einschießen in den Holz-Pizzaofen den Pizzaboden zunächst 15–30 Sekunden backen.

Nach dieser Backzeit ist der Boden stabil genug, um beim anschließenden Drehen nicht zerstört zu werden.

Nun die Pizza mit dem Turning Peel um 180 Grad drehen und unter mehrmaligem Rotieren mit dem Turning Peel fertig backen (Gesamtbackzeit 90–120 Sekunden, falls im Rezept nicht anders angegeben), dabei auch den Backgrad des Bodens kontrollieren.

PIZZA-ALARM! WAS TUN, WENN VIELE PIZZEN ZU BACKEN SIND?

Möchte man mehrere Pizzen für ein Event im Freundeskreis oder für eine größere Familienfeier backen, dann empfehle ich bereits bei der Teigherstellung bzw. beim Schleifen der Teiglinge zeitlich versetzt vorzugehen, damit auch die letzten Teiglinge während der Pizzasession die gleiche Qualität haben wie die ersten. Bei kalter Teigführung die Teiglinge also erst nach und nach aus dem Kühlschrank holen.

Die Vorbackmethode im Backofen und mit dem Pfannentrick gibt dir übrigens die Möglichkeit, viele Pizzen vorzubacken und dann später ganz ohne Stress zu belegen und fertig zu backen.

Pizzen im Backofen im Voraus vorbacken ...

Wie auf S. 36 beschrieben vorgehen: Den Backofen vorheizen. Dann nacheinander mehrere Teiglinge zu Pizzaböden formen, mit Sauce bestreichen und 2 Minuten vorbacken. Herausnehmen und auf dem Küchengitter auskühlen lassen.

... oder Pizzen mit dem Pfannentrick im Voraus vorbacken

Wie auf S. 38 beschrieben vorgehen: Den Backofen vorheizen. Währenddessen nacheinander mehrere Teiglinge in der Pfanne zu Pizzaböden formen, mit Sauce bestreichen und 3–4 Minuten auf dem Kochfeld vorbacken. Dann die Pizza aus der Pfanne nehmen, im vorgeheizten Ofen ca. 2 Minuten backen, aus dem Ofen holen und auf einem Küchengitter auskühlen lassen.

Inzwischen die Toppings, die nachher auf die Pizzen sollen, sorgfältig vorbereiten. Damit ist auch schon der größte Teil der Arbeit getan. Nun kannst du ganz entspannt deine Gäste begrüßen und die Pizzen später fertig backen:

Den Backofen wieder vorheizen, die kalten vorgebackenen Böden mit der extra Sauce bestreichen, nach Rezept oder nach Wahl belegen und im Ofen nacheinander 3–4 Minuten fertig backen.

VOLLES ROHR! PERFEKTE PIZZA AUS DEM BACKOFEN

Nicht jeder Pizzafan möchte sich direkt einen Pizzaofen kaufen. Ich zeige dir, wie du auch im normalen Elektro-Backofen eine perfekte Pizza backen kannst. Da diese Backöfen nicht so hohe Temperaturen erreichen, muss die Pizza länger gebacken werden. Die Toppings würden dabei aber fast verbrennen, der Mozzarella braun werden. Um das zu verhindern, backe ich den Pizzaboden mit der Sauce vor. Da dabei Sauce teilweise verdampft, wird die Pizza nachher noch mit etwas extra Sauce bestrichen.

Empfehlenswert wäre ein Backofen, der eine Temperatur von 300 °C erreicht, erforderlich ist eine Mindesttemperatur von 250 °C, was die meisten Backöfen leisten. Du kannst deine Pizza übrigens auch im gasbetriebenen Haushaltsofen backen, sofern er die erforderliche Temperatur von mindestens 250 °C schafft.

Vorheizen
Das Ziel ist: so heiß wie möglich!

Den Backofen mit Pizzastahl oder -stein im oberen Drittel 20–30 Minuten auf mindestens 250 °C (Ober-/Unterhitze) vorheizen; alternativ ein Backblech verkehrt herum mit in den Backofen geben. Falls vorhanden, die Grillfunktion hinzuschalten. Ein Backstahl erreicht dabei meist eine Temperatur von 260–280 °C.

Vorbacken
Den Teigling wie auf S. 30 beschrieben zu einem Pizzaboden formen, mit der in den Rezepten (ab S. 102) angegebenen Sauce bestreichen, auf den mit Semola bestäubten Pizzaschieber (alternativ großes Küchenholzbrett) ziehen, mit den Fingern unter die Pizza greifen und durch Dehnen zu einem 30–33 cm großen Kreis ausziehen.

Jetzt gilt es, schnell einzuschießen, damit nicht zu viel Hitze aus dem Ofen entweicht.

Mithilfe des Schiebers den Pizzaboden entweder mit leicht ruckenden Bewegungen oder mit der One-Shot-Methode (S. 32) in den vorgeheizten Ofen einschießen und die Pizza 2 Minuten vorbacken.

Nun sollte der Rand der Pizza bereits schön hochgegangen sein.

Die vorgebackene Pizza mit dem Schieber aus dem Ofen holen und auf ein Küchengitter geben, damit das sich bildende Kondenswasser nicht den Boden aufweicht.

Fertig backen
Den Pizzarand vor dem finalen Backen mit etwas Olivenöl einpinseln, so erhält man eine besonders tolle Farbe und leichte Röstaromen auf der Kruste (siehe auch Tipp). Noch 30–40 g zusätzliche Sauce auf dem Boden verteilen und die Pizza wie im Rezept angegeben oder nach Wahl belegen. Wieder auf den Schieber ziehen und im Ofen noch 3–4 Minuten backen, bis die gewünschte Bräunung erreicht ist, dabei die Pizza bei Bedarf

„Eine wunderschöne Pizza Margherita mit einem knusprigen, fluffigen Rand."

zwischendurch einmal mit dem Turning Peel drehen, damit sie gleichmäßig backt. Bei dieser Gelegenheit den Backgrad des Bodens kontrollieren.

Pizza ferticooo! – Falls du keinen Turning Peel hast: Mit dem Pizzaschieber die Pizza etwas aus dem Ofen ziehen, mit der Hand drehen und wieder in den Ofen geben.

TIPP Ein weiterer Trick, der hilft, eine perfekte Bräunung des Teigrands hinzubekommen, ist es, diesen ganz dünn und *ungleichmäßig* – das ist wichtig für die Optik – mit verdünnter Tomatensauce einzupinseln. Es sieht noch besser aus, wenn man einzelne Stellen ausspart.

Svens Ratschlagrakete! Beim Backen deiner Pizzen im haushaltsüblichen Backofen empfehle ich, schon bei der Zubereitung des Teiges (oder Hauptteigs) einen kleinen Teil des Wassers (ca. 3 %) durch Olivenöl zu ersetzen. So bekommen Rand und Boden der Pizza auch eine ansprechende Farbe und noch mehr Crunch.

Attenzioneee! Bei Pizza-Alarm, also wenn viele Pizzen für ein Event gebacken werden sollen, kannst du mit dieser Methode vorbacken, die Gäste begrüßen und die Pizzen später ganz entspannt belegen und fertig backen.

PIZZA BACKEN MITHILFE DES PFANNENTRICKS

Nicht ganz authentisch, aber gelingsicher und köstlich! Mithilfe des Pfannentricks lassen sich durchaus beeindruckende Ergebnisse beim Pizzabacken erzielen. Außerdem wird für diese Technik kein spezielles Zubehör benötigt.

Vorheizen

Den Backofen mit Pizzastahl oder -stein im oberen Drittel 20–30 Minuten auf mindestens 250 °C (Ober-/Unterhitze) vorheizen. Alternativ ein Backblech verkehrt herum mit in den Backofen geben und, falls vorhanden, die Grillfunktion hinzuschalten. Ein Backstahl erreicht dabei meist eine Temperatur von 260–280 °C.

Für den Pfannentrick ist ein Pizzastahl oder -stein nicht unbedingt notwendig, unterstützt aber den Ofentrieb.

Teig formen

Eine 28–33 cm große beschichtete Pfanne mit etwas Semola (oder Mehl) ausstreuen. Den Pizzateigling einige Male im Semolabett (oder Mehlbett) wenden, in die Mitte der Pfanne geben und von unten nach oben die Luft in den Rand drücken. Mit ca. 2 cm Abstand zum Rand beginnend die Fingerkuppen (die Finger liegen eng beieinander) ansetzen und die Luft von unten nach oben vorgehend in den Rand drücken. Die Pfanne bildet dabei sozusagen die Schablone. Vorsichtig arbeiten, aber mit genügend Druck. Dabei kann man die Dicke des Randes selbst bestimmen.

Vorbacken auf dem Herd

Die Pfanne mit Deckel auf das Kochfeld stellen und auf mittlere bis hohe Hitze stellen. Durch die Stauhitze in der Pfanne geht der Rand gleichmäßig auf. 3–4 Minuten backen, dabei immer wieder die Bräunung des Bodens kontrollieren. Der Rand sollte nun gut aufgegangen und der Boden stabil sein.

Vorbacken im Ofen

Den Pizzaboden mit der in den Rezepten (ab S. 102) angegebenen Sauce bestreichen, aus der Pfanne auf den Pizzaschieber heben, in den vorgeheizten Ofen einschießen und ca. 2 Minuten backen. Aus dem Ofen holen und die Pizza auf ein Küchengitter geben, damit das Kondenswasser nicht den Boden aufweicht.

Fertig backen

Den Pizzarand mit etwas Olivenöl einpinseln, so erhält man eine besonders tolle Farbe und Röstaromen auf der Kruste (siehe auch Tipp). Noch 30–40 g extra Sauce auf dem Boden verteilen und die Pizza wie im Rezept angegeben oder nach Wahl belegen. Auf einen Pizzaschieber legen, in den Ofen geben und weitere 3–4 Minuten backen, bis die gewünschte Bräunung erreicht ist.

TIPP Ein weiterer Trick, der hilft, eine perfekte Bräunung des Teigrands hinzubekommen, ist es, diesen ganz dünn und *ungleichmäßig* – das ist wichtig für die Optik – mit verdünnter Tomatensauce einzupinseln. Es sieht noch besser aus, wenn man einzelne Stellen ausspart.

Svens Ratschlagrakete! Beim Backen der Pizzen im haushaltsüblichen Ofen empfehle ich, bei der Zubereitung des Teiges (oder Hauptteigs) einen kleinen Teil des Wassers (ca. 3 %) durch Olivenöl zu ersetzen. So bekommen Rand und Boden der Pizza auch eine ansprechende Farbe.

Attenzioneee! Bei Pizza-Alarm, also wenn viele Pizzen für ein Event zu backen sind, kannst du mit dieser Methode vorbacken, die Gäste begrüßen und die Pizzen später ganz entspannt belegen und fertig backen.

ÜBERSICHT ÜBER DIE TEIGE MIT PIZZATEIGLINGEN

Rezepttitel	Level	Vorteig	Teigführung	Ruhezeit	Charakteristik roh	Charakteristik gebacken	Seite
Pizzateig für römische Pizza	sehr einfach	nein	Kühlschrank	ca. 22 Stunden, 15 Minuten	gut zu kneten, fester Teig	dünn, knusprig, aromatisch	50
48-Stunden-Pizzateig	einfach	ja	Kühlschrank	insg. 48 Stunden	gut zu kneten	besonders luftig, weich, knusprig, aromatisch	52
Pizzateig mit Poolish	einfach	ja	Raum-temperatur	24 Stunden, 15 Minuten	gut zu kneten, säuerlicher Duft	innen fluffig-weich, außen knusprig, mildes Aroma	56
Pizzateig mit Sauerteig	einfach	nein	Raum-temperatur	6,5 Stunden	gut zu kneten, säuerlicher, aroma-tischer Duft	säuerlicher, rustikal schmeckender Geschmack, innen weich und außen knusprig	57
100%-Biga-Pizzateig	anspruchsvoll	ja	Kühlschrank und Raum-temperatur	ca. 50 Stunden	schwer von Hand zu kneten, weicher Teig	besonders luftig, nussig-aromatisch, hervorragend im Geschmack	58
Dinkelmehl-Pizzateig	relativ anspruchsvoll	ja	Kühlschrank	ca. 24 Stunden, 45 Minuten	weicher Teig, klebrig	rustikaler Geschmack, knusp-rig-luftig, eigenes Aroma	64
Pizzateig mit Vollkornmehl	einfach	ja	Kühlschrank und Raum-temperatur	ca. 48 Stunden, 30 Minuten	gut zu kneten, aro-matischer Duft	rustikaler, kerniger Geschmack, fluffig, nussig-aromatisch	65
Pizzateig mit Biga	anspruchsvoll	ja	Kühlschrank und Raum-temperatur	17–21 Stunden, 15 Minuten	schwer von Hand zu kneten, weicher Teig	besonders luftig, nussig-aromatisch, hervorragend im Geschmack	68
Same-Day-Pizzateig	einfach	ja	Raumtempe-ratur	7,5 Stunden	gut zu kneten	luftiger Teig, gut im Geschmack	72
Pizzateig New York Style	sehr einfach	nein	Kühlschrank	ca. 24 Stunden, 15 Minuten	gut zu kneten, fester Teig	knuspriger Teig, aromatisch	74
24-Stunden-Pizzateig	einfach	ja	Raum-temperatur	ca. 24 Stunden	gut zu kneten	besonders luftig, innen weich, außen knusprig, aromatisch	78
Glutenfreier Pizzateig	anspruchsvoll	nein	Kühlschrank	ca. 24,5 Stunden	feucht, klebrig, weich	charakteristischer Geruch, eigenes Aroma	80

PIZZAWERKSTATT

UTENSILIEN ZUM PIZZABACKEN

Man kann sich meistens mit dem behelfen, was an Küchenhelfern vorhanden ist, aber wenn du öfters Pizza backen möchtest, solltest du dir überlegen, einige Sachen anzuschaffen, die man teilweise auch preiswert bekommt.

Inzwischen haben mein Bruder und ich unsere eigene Pizzamarke entwickelt und bieten neben unseren hochwertigen Mehlen auch eine Auswahl an Pizza-Equipment an. Schau gern mal auf www.teichners.de vorbei!

Waage und Feinwaage
Ein Muss, denn das richtige Mengenverhältnis der Zutaten ist essenziell. Auch das Wasser sollte abgewogen und nicht nur abgemessen werden. Falls du keine Feinwaage hast, kannst du die kleinen Hefemengen auch abschätzen (S. 14).

Teigkarte
Preiswert und sehr praktisch, um Teig abzustechen bzw. in Portionen zu teilen.

Pizzaballenbox oder Teigwanne
Perfekt, um die Teiglinge reifen zu lassen. Alternativ kannst du auch eine leicht geölte große Frischhaltebox nehmen oder eine große Auflaufform, die nicht eingeölt werden muss, wenn sie groß genug ist.

Pizzateigspachtel
Ein Pizzateigspachtel aus flexiblem Kunststoff kostet wenig und erleichtert sehr das heikle Entnehmen des Teiglings aus der Pizzaballenbox. Alternativ einen anderen Teigspachtel oder einen Pfannenwender verwenden.

Pizzaschieber
Es gibt welche aus Holz oder aus Metall, wobei ich eindeutig die aus Metall vorziehe. Du brauchst den Schieber, um den belegten Teigboden in den Ofen einzuschießen. Alternativ kannst du auch ein großes Küchenholzbrett nehmen, was nicht ganz einfach zu handhaben ist, aber es funktioniert auch.

Turning Peel
Sehr praktische flache, runde Schaufel, um die Pizza im Ofen zu drehen, damit sie gleichmäßig bräunt. Alternativ kannst du die Pizza auch mit dem Pizzaschieber aus dem Ofen holen, mit der Hand drehen und dann wieder in den Ofen schieben.

Infrarot-Thermometer
Erlaubt die präzise Kontrolle der Backstahl- oder Backsteintemperatur sowie das Ermitteln der Temperatur bei der Teigherstellung.

Pizzaofenbürste
Last, but noch least ein wichtiges Utensil, um das verbrannte Semola oder Asche nach der Pyrolyse zu entfernen. Alternativ eine ähnlich robuste Bürste verwenden.

Pizzastahl bzw. Pizzastein für den Backofen
Um eine Pizza im Haushaltsbackofen backen zu können, wäre es gut, einen Pizzastahl oder -stein anzuschaffen, denn deine Pizza braucht gute Unterhitze, die den Ofentrieb verstärkt.

Pizzabackstahl
Material: Dicke Stahlplatte, oft in rechteckiger Form.
Eigenschaften: Leitet Hitze schnell und effizient, sodass die Kruste außen besonders kross und innen zart wird.

Vorteile: Schnelle Aufheizzeit, robust und langlebig, beeindruckend knuspriges Backergebnis.
Nachteile: Speichert weniger Hitze als ein Pizzastein, kommt dafür aber deutlich schneller wieder auf Betriebstemperatur.

Pizzastein

Material: Oft aus synthetisch hergestelltem, glasiertem oder unglasiertem Cordierit oder aus Tonmineralen hergestellter Schamotte; es gibt auch welche aus Keramik. Alternativ kannst du einen lebensmittelechten Schamottestein oder eine Schamotteplatte aus dem Baumarkt verwenden.
Eigenschaften: Speichert Wärme effizient und gibt sie gleichmäßig ab. Sorgt für eine knusprige Kruste und einen zarten Teig.
Vorteile: Gleichmäßige Hitzeverteilung, gute Feuchtigkeitsabsorption.
Nachteile: Relativ lange Aufheizzeit von 40–60 Minuten und nicht ganz so krosse Ergebnisse im Vergleich zu Backstahl.
Kurz: Mit einem Pizzastein erreicht man gute Backergebnisse mit einer gleichmäßigen Kruste, während ein Backstahl mit Schnelligkeit und Knusprigkeit punktet. Ich persönlich empfehle einen Backstahl, da dieser viel schneller auf Betriebstemperatur kommt, die Hitze schneller an den Boden der Pizza abgibt und auch rasch zwischen den Pizzabackrunden wieder heiß ist.

JETZT WIRD'S HEISS

PIZZAÖFEN

Mittlerweile gibt es auf dem Markt unterschiedliche Pizzaöfen, die mit Holz oder Gas befeuert oder elektrisch aufgeheizt werden. Die Wahl hängt von verschiedenen persönlichen Vorlieben und dem zur Verfügung stehenden Platz ab. Ausschlaggebend sind folgende Aspekte, die vor dem Kauf geklärt oder beachtet werden sollten:

- Nutzung Indoor oder Outdoor
- Ofenhöchsttemperatur
- Größe des Ofens und des Backraums
- Befeuerungsart

Nutzung Indoor oder Outdoor

Du solltest als Erstes entscheiden, ob du den Ofen eher im Innen- oder Außenbereich verwenden möchtest. Das Zusammensein mit Freunden und Familie draußen an der frischen Luft, dabei gute Gespräche führen und in den Gas- oder Holzofen starren, während die Flamme die Pizza „küsst" – das ist unbezahlbar. Das Einschießen der Pizza und das aktive Arbeiten im Zusammenspiel von Turning Peel und Feuer bereitet besonders viel Spaß. Leider ist man oft durch kaltes oder nasses Wetter eingeschränkt. Aber zum Glück gibt es Elektro-Pizzaöfen, die man in der Küche aufheizen kann. Das bequeme Backen im Elektroofen ist längst nicht so spektakulär wie das Backen im Gas- oder Holzofen mit authentischer Flamme, aber dafür sitzt man schön warm und trocken.

Ofenhöchsttemperatur

Egal, ob für den Außen- oder Innenbereich, und egal, welche Befeuerungsart: Beim Kauf eines Pizzaofens, solltest du unbedingt darauf achten, dass er eine Temperatur von mindestens 410 °C erreicht, denn um eine authentische Pizza napoletana zu backen, muss die Backtemperatur bei über 400 °C liegen. In meinen Rezepten wird eine Napoletana bei 410–430 °C gebacken. Mehr Hitzeleistung ist Nice-to-have, da man eingebrannte Lebensmittelrückstände im Stein dank der Pyrolyse (vollständige Verbrennung zu Asche) besser ausbrennen kann. Auch kommen Öfen mit mehr Leistung zwischen den Pizzabackrunden schneller wieder auf Betriebstemperatur.

Größe des Ofens und des Backraums

Eine wichtige Rolle spielt auch die bevorzugte Backraumgröße und der zur Verfügung stehende Platz in der Küche oder im Außenbereich. Es gibt kleine Elektro-Pizzaöfen, die man auf die Arbeitsfläche in der Küche stellen kann (Gas- und Holzöfen nur Outdoor). Die gängigsten Pizzaöfen haben eine Backfläche von 33 × 33, 35 × 40 cm oder 40 × 40 cm.

Größere Öfen mit mehr Backraum ermöglichen eine bessere Einsicht in den Ofen. Außerdem hat man bei entsprechend großer Backfläche verschiedene Hitzezonen, um die Pizza je nach gewünschtem Backgrad näher oder weiter von der Hitzequelle zu platzieren. Das ist auch ein Vorteil, wenn man im Ofen zum Beispiel Fleisch oder Gemüse in einer gusseisernen Pfanne rösten möchte.

Der Nachteil größerer Pizzaöfen ist, dass man mehr Zeit benötigt und mehr Energie in Form von Holz, Gas oder Strom verbraucht, um auf die gewünschte Betriebstemperatur zu kommen. Hinzu kommt, dass die Anschaffung deutlich teurer ist.

Befeuerungsart: Gas-, Holz- und Elektro-Pizzaofen

Als Nächstes sollte man sich für eine der Befeuerungsarten entscheiden. Qualität, Leistung, Vor- und Nachteile sind natürlich auch immer abhängig vom Modell und letztendlich vom Kaufpreis. Von einem kleinen preiswerten Ofen kann man nicht die Vorzüge eines teuren Modells erwarten.

GAS- HOLZ- ODER ELEKTRO-PIZZAOFEN

	Gas-Pizzaofen	Holz-Pizzaofen	Elektro-Pizzaofen
Aufheizzeit	Je nach Modell unterschiedlich, meist 15–45 Minuten	Je nach Modell unterschiedlich, meist 15–30 Minuten, ein großer Kuppelofen braucht allerdings 1 Stunde	Je nach Modell unterschiedlich, meist 20–45 Minuten
Verbrennung	Großer Vorteil einer sauberen Verbrennung, kein Stress mit Asche oder Ruß	Asche und Ruß durch Verbrennung von Holzscheiten oder Pellets	Keine
Temperaturregelung	Einfache Einstellung der Backtemperatur, präzise Temperaturkontrolle	Erschwerte Einstellung der Backtemperatur, erschwerte Temperaturkontrolle	Einfache Einstellung der Backtemperatur, präzise Temperaturkontrolle
Hitzeverteilung	Meist nicht gleichmäßig wegen der immer unterschiedlich angeordneten Position des Brenners bzw. der Hitzequelle, Pizza muss mehrmals gedreht werden.	Nicht gleichmäßig, Pizza muss mehrmals gedreht werden.	Nahezu perfekt gleichmäßig, das Rotieren der Pizza ist meist nicht oder nur einmal notwendig.
Energieeffizienz	Oft energieeffizienter als Elektroöfen	Gutes Preis-Leistungs-Verhältnis	Meist weniger energieeffizient als Gasöfen
Bedienung	Praktischer als ein Holz-Pizzaofen, aber weniger bequem als ein Elektroofen	Anspruchsvoll. Das Holzfeuer erfordert handwerkliche Erfahrung und Geschick, was aber meist als bereichernder Teil des Backens empfunden wird.	Sehr einfach und bequem zu bedienen und dadurch besonders benutzerfreundlich
Sicherheit	Wegen der Flamme ist Vorsicht geboten.	Wegen der offenen Flamme ist Vorsicht geboten.	Geringes Sicherheitsrisiko, da keine (offene) Flamme wie beim Gas- oder Holzofen
Reinigung	Deutlich weniger Aufwand als beim Holzofen. Saubere Verbrennung, dadurch keine Asche oder Ruß wie im Holzofen	Aufwendiger	Einfach
Einsatzbereich	Outdoor	Outdoor	Indoor und Outdoor (vor Regen geschützt)
Nachhaltigkeit	/	Kann umweltfreundlich sein, besonders wenn Holz aus der Region verwendet wird.	/
Authentizität	Besondere Authentizität durch die Gasflamme	Besondere Atmosphäre durch die traditionelle Art des Pizzabackens	/
Platzsparend	Je nach Backfläche kann auch ein Gasofen platzsparend sein.	Je nach Backfläche kann auch ein Holzofen platzsparend sein.	Oft kompakter und leichter als die gasbetriebenen oder holzbefeuerten Varianten

TOP-10-STEPS FÜR EINE PERFEKTE PIZZA

Der Weg zur perfekten Pizza ist mit viel Liebe und Leidenschaft verbunden, die ich an alle Pizzafans weitergeben möchte. Es gibt für mich nichts Schöneres, als gemeinsam mit Freunden oder im Familienkreis zusammen Pizza zu backen und zu genießen. Hier meine Top-10-Steps für eine perfekte Pizza in Kurzfassung.

Mengenangaben
Bei Teigrezepten ist es sehr wichtig, die angegebenen Mengen einzuhalten, also alles genau abzuwiegen, auch das Wasser, das Kühlschranktemperatur haben sollte. Für das Abwiegen von kleinen Hefemengen braucht man eine Feinwaage. Falls keine verfügbar ist, kann man sich mit dem Schätzen behelfen (S. 14).

Mehl
Ebenso wichtig ist es, das richtige Mehl mit angegebener Type und angegebenem Proteingehalt zu verwenden (S. 9). In den Rezepten wird vor allem das italienische Weizenmehl Type 00 verwendet, da es optimale Eigenschaften für einen Pizzateig hat. Wenn du viel Erfahrung hast, kannst du auch experimentieren und andere Mehle oder Mehlmischungen ausprobieren (S. 10).

Teig kneten
Nach dem Mischen der Zutaten wird die Teigmasse so lange geknetet, bis ein geschmeidiger Teig entstanden ist. Dabei verquellen die Mehlbestandteile und es bilden sich lange Glutenstränge, die sich vernetzen, sodass sich in der folgenden Gärphase das Volumen entwickeln kann. Es gibt unterschiedliche Knettechniken per Hand (S. 19), oder man lässt die Maschine arbeiten (S. 20).

Abdecken
Es ist wichtig, den Teig immer abzudecken, zum Beispiel mit einem feuchten Küchentuch, einem Deckel oder einer umgestülpten Schüssel, damit die Außenhaut des Teiges nicht eintrocknet und eine Kruste bildet.

Bearbeitungstechniken
Damit sich ein stabiles Klebereiweißgerüst (Glutengerüst) entwickelt und der Teig eine gute Struktur erhält, wird er gedehnt und gefaltet oder mit der Coilfold-Methode bearbeitet (S. 22 und 26). Oft kommt das Schleifen und Rundwirken der Teigkugeln hinzu, damit diese mehr Spannung bekommen (S. 22). So erhält man Teige, die die Gärgase gut halten und nicht zerlaufen.

Teigreife bzw. Ruhephase

Pizzateige müssen ruhen und reifen dabei (S. 28). In der Ruhephase, auch Gärphase genannt, quellen die Bestandteile im Mehl weiter, die Hefepilze sind aktiv und vermehren sich, das Klebereiweißgerüst (Glutengerüst) kann sich entspannen. Ein gut gereifter Teig entwickelt Volumen und hat eine gleichmäßige Porung. Mit dem Drucktest kannst du den Reifegrad testen (S. 28). Die Reifezeit hängt vor allem von Temperatur und Zeitdauer ab. Man unterscheidet zwischen warmer und kalter sowie langer und kurzer Teigführung (S. 28). Ich selbst bevorzuge die lange Teigführung, denn dadurch wird der Teig besonders aromatisch, luftig und bekömmlich, und ich verwende gern die kalte Teigführung, also das Reifen im Kühlschrank. Einer meiner Teigfavoriten ist der 48-Stunden-Pizzateig (S. 52).

Pizzaboden formen

Mit Fingerspitzengefühl wird die Luft in den Rand des Teiglings gedrückt und der Pizzaboden dabei geformt. Anschließend legt man ihn über beide Handrücken und zieht ihn in der Luft rotierend aus (S. 30). Wer möchte, formt mit der DJ-Technik (S. 30). Aufpassen, dass der luftige Rand (der *cornicione*) nicht beschädigt wird, denn dieser ist das Kennzeichen einer perfekten Pizza napoletana. Lass also so viel Luft wie möglich im Rand!

Belag

Eine perfekte Pizza verlangt bestmögliche Zutaten auch für den Belag: San-Marzano-Tomaten, Fior-di-Latte-Mozzarella, 24–48 Monate gereifter Parmesan für Umami, feines Meersalz, frisches Basilikum und hochwertiges Olivenöl sind dabei die Basiszutaten.

Ofen und Backtemperatur

Die Temperatur macht's: Eine echte Pizza napoletana wird bei über 400 °C gebacken und entwickelt dabei ein schönes „Leoparden"-Muster auf dem Teigrand. Solch hohe Temperaturen werden aber nur mit speziellen Pizzaöfen erreicht, von denen es mittlerweile viele kompakte und preiswerte Modelle gibt. Wenn du dir einen zulegen möchtest, hast du die Wahl zwischen Elektro-, Gas- und Holz-Pizzaofen (S. 42). Aber auch im herkömmlichen Backofen oder mit dem Pfannentrick kannst du eine perfekte Pizza backen (S. 36 und S. 38).

Genuss

Pizza ferticooo! Nun steht dem Genuss einer tollen Pizza nichts mehr im Wege. Sie wird traditionell italienisch mit einer Schere angeschnitten, um die Textur des Rands nicht zu zerstören. Man sieht dann einen fluffigen Rand mit einer wunderschön vernetzten Textur. Wenn sich in der Hand die Spitze des Pizzastücks etwas nach unten neigt, ist es perfekt!

Pizzateige

DAS HERZSTÜCK JEDER PIZZA

Pizzateig für
römische Pizza

Teigrezepte S. 50 und 52

PIZZATEIG FÜR RÖMISCHE PIZZA

Der Teig für eine römische Pizza enthält weniger Wasser als der Teig für eine Napoletana, und da die römische Pizza zwar bei etwas niedrigerer Temperatur, dafür aber länger gebacken wird, verdampft mehr Flüssigkeit, und der Teigboden wird knuspriger. Ein weiteres Kennzeichen der römischen Pizza ist der deutlich kleinere und dünnere Rand.

ZUBEREITUNGSZEIT
35 Minuten plus
ca. 22 Stunden, 15 Minuten
Ruhezeit

TAG 1
TEIG
ca. 19:30 Uhr vermengen, kneten, 20 Minuten
ca. 20:05 Uhr dehnen, falten, schleifen, 5 Minuten
ca. 20:25 Uhr portionieren, rundwirken, schleifen, 10 Minuten

TAG 2
TEMPERIEREN
ca. 16:30 Uhr aus dem Kühlschrank nehmen
ca. 18:30 Uhr Teiglinge weiterverarbeiten

TAG 1 – STOCKGARE, STÜCKGARE

1 Für den Teig das Mehl in eine Schüssel geben, das Salz hinzugeben und vermischen. Die frische Hefe (oder Trockenhefe) im Wasser auflösen, die Hälfte des Hefewassers zum Mehl geben und mit einem Kochlöffel grob vermengen, bis das Wasser gebunden ist. Dann das restliche Hefewasser von Hand einarbeiten, dabei nach **ca. 1 Minute** das Olivenöl hinzufügen. Wenn die Flüssigkeit absorbiert ist, den Teig auf die Arbeitsfläche stürzen und mit den Händen **15 Minuten** gut durchkneten, bis er schön geschmeidig ist. (Alternativ in der Küchenmaschine ca. 5 Minuten erst auf mittlerer, dann 10 Minuten auf hoher Stufe kneten.) **2** Nun den Teig dehnen und falten, um 90 Grad drehen und den Vorgang ca. 2-mal wiederholen. Die Teigkugel 5–6-mal schleifen, sodass sie Spannung bekommt. Die Schüssel darüberstülpen und **15 Minuten** ruhen lassen. Dadurch entspannt sich das Gluten. **3** Den Teig in 6 gleich große Stücke (à ca. 280 g) teilen. Ein Teigstück rundwirken und wenden, sodass die Naht unten liegt. Dann 5–6-mal zu einer schönen Teigkugel schleifen. Auf die gleiche Weise 5 weitere Teigkugeln formen. **4** Die Teiglinge mit etwas Abstand in die Pizzaballenbox legen, verschließen und über Nacht **ca. 20 Stunden** (oder 19–24 Stunden) im Kühlschrank reifen lassen.

TAG 2

5 Die Box **2 Stunden** vor dem Pizzabacken aus dem Kühlschrank nehmen, damit die Teiglinge Temperatur annehmen und weitere wichtige Gärgase entwickeln. Sie sind dann perfekt gereift und fertig zum Weiterverarbeiten (siehe S. 102–134, 149–153 oder Hinweis rechts „Version auf Foto").

ⓘ Eine ausführliche Beschreibung der Arbeitsschritte für die Stockgare und Stückgare findest du auf S. 22–27.

FÜR 6 TEIGKUGELN (À CA. 280 G)

FÜR DEN TEIG

1 kg Weizenmehl Type 00 (11–15 % Proteingehalt)
30 g feines Meersalz
3 g frische Hefe (oder 1 g Trockenhefe)
600 g kaltes Wasser (idealerweise 5–6 °C)
35 g Olivenöl

AUSSERDEM

Pizzaballenbox bzw. Teigwanne (alternativ große eingeölte Frischhaltebox)

TIPP Es ist wichtig, die Teiglinge rundzuwirken und zu schleifen, damit sie Spannung bekommen, denn nur so hält man die Gärgase während der Stückgare im Teigling, sodass er nicht verläuft.

BESONDERHEITEN BEIM PIZZAFORMEN …

Die Pizzateiglinge werden wie auf S. 30 beschrieben nacheinander zu Pizzaböden, aber mit dünnerem und flacherem Rand geformt. Bei dieser Pizza ist auch das Ausrollen mit einem Nudelholz erlaubt.

… UND BACKEN

Nach dem Belegen wird die Pizza im vorgeheizten Pizzaofen bei **330–350 °C** Steintemperatur **ca. 4 Minuten** gebacken, also weniger heiß und dafür länger als bei den meisten anderen Pizzen. Auch der normale Backofen eignet sich sehr gut wegen der geringeren Hitze. Dazu wie auf S. 38 angegeben vorheizen und backen, allerdings etwas länger: **2–3 Minuten** vorbacken und **4–5 Minuten** fertig backen.

Version auf Foto: Pizzateig für römische Pizza + Pizza speciale
Die Pizzateiglinge wie oben beschrieben nacheinander formen, dann wie im Rezept (S. 113) beschrieben belegen und wie oben angegeben backen.

48-STUNDEN-PIZZATEIG

Der 48-Stunden-Pizzateig ist das gelingsichere Rezept für richtig gute und authentische Pizza napoletana zu Hause. Dank der kalten Teigführung ist man zeitlich relativ flexibel, und die Weiterverarbeitung ist simpel.

ZUBEREITUNGSZEIT
30–35 Minuten plus
48 Stunden Ruhezeit

TAG 1
AUTOLYSETEIG
ca. 16:30 Uhr herstellen,
5 Minuten
HAUPTTEIG
ca. 17:05 Uhr vermengen,
kneten, 15–20 Minuten
ca. 18:25 Uhr dehnen, falten,
schleifen, 5 Minuten

TAG 2
ca. 18:30 Uhr portionieren, rundwirken, schleifen,
5 Minuten

TAG 3
TEMPERIEREN
ca. 14:35 Uhr aus dem Kühlschrank nehmen
ca. 18:35 Uhr Teiglinge weiterverarbeiten

FÜR 3 TEIGKUGELN (À CA. 280 G)
FÜR DEN AUTOLYSETEIG
500 g Weizenmehl Type 00 (11–15 % Proteingehalt)
290 g kaltes Wasser (idealerweise 5–6 °C)

TAG 1 – AUTOLYSETEIG, HAUPTTEIG: STOCKGARE

1 Für den Autolyseteig das Mehl in eine große Schüssel geben, das Wasser hinzugießen und mit dem Kochlöffel grob vermengen, dabei darauf achten, dass die Flüssigkeit vollständig absorbiert wird. Die Schüssel mit einem Küchentuch abdecken und die Mehlmischung **30 Minuten** ruhen lassen. **2** Für den Hauptteig die frische Hefe (oder Trockenhefe) im Wasser auflösen, zum Autolyseteig gießen und von Hand vollständig einarbeiten. Den Teig auf die Arbeitsfläche geben, das Salz hinzufügen und mit den Händen **10–15 Minuten** kräftig kneten, bis er schön geschmeidig ist. (Alternativ in der Küchenmaschine zuerst ca. 5 Minuten auf mittlerer, dann 5–10 Minuten auf hoher Stufe kneten.) **3** Nun den Teig dehnen und falten, um 90 Grad drehen und den Vorgang ca. 2-mal wiederholen. Die Teigkugel 5–6-mal schleifen, sodass sie Spannung bekommt. In die Pizzaballenbox legen, verschließen und über Nacht **24 Stunden** (oder 20–26 Stunden) im Kühlschrank reifen lassen.

TAG 2 – STÜCKGARE

4 Den Teig auf die Arbeitsfläche stürzen und in 3 gleich große Stücke (à ca. 280 g) teilen. Ein Teigstück rundwirken und wenden, sodass die Naht unten liegt. Dann 5–6-mal zu einer schönen Teigkugel schleifen. Auf die gleiche Weise 2 weitere Teigkugeln formen. **5** Die Teiglinge mit etwas Abstand in die Box legen, verschließen und **ca. 20 Stunden** (oder 18–24 Stunden) im Kühlschrank reifen lassen.

Eine ausführliche Beschreibung der Arbeitsschritte für die Stockgare und Stückgare findest du auf S. 22–27.

TAG 3

6 Die Box 4 Stunden vor dem Pizzabacken aus dem Kühlschrank nehmen, damit die Teiglinge Temperatur annehmen und weitere wichtige Gärgase entwickeln. Sie sind dann perfekt gereift und fertig zum Weiterverarbeiten (siehe S. 102–134, 149–153 oder Hinweis unten „Version auf Foto“).

TIPP Es ist wichtig, die Teiglinge rundzuwirken und zu schleifen, damit sie Spannung bekommen, denn nur so hält man die Gärgase während der Stückgare im Teigling, damit er nicht verläuft. Wichtig ist auch, dass der Teig abgedeckt reifen muss, da sich sonst eine trockene Kruste bilden würde. Falls du keine Pizzaballenbox hast, solltest du die Frischhaltebox einölen, da diese meist deutlich kleiner ist und der Teig an den Seitenwänden kleben würde. Du kannst auch eine Auflaufform verwenden und gut abdecken. Wenn sie groß genug ist, muss sie nicht eingeölt werden.

FÜR DEN HAUPTTEIG

1,5 g frische Hefe
(oder 0,5 g Trockenhefe)
30 g kaltes Wasser
(idealerweise 5–6 °C)
15 g feines Meersalz

AUSSERDEM

Pizzaballenbox bzw. Teigwanne (alternativ große eingeölte Frischhaltebox)

BACKOFENHINWEIS

Falls du deine Pizza später im Backofen backen möchtest, solltest du bei der Teigzubereitung daran denken, beim Hauptteig nur 20 g Wasser, aber dafür noch 10 g Olivenöl einzuarbeiten (siehe S. 37).

Version auf Foto: 48-Stunden-Pizzateig + Pizza Margherita
Die Pizzateiglinge wie auf S. 30 beschrieben nacheinander zu Pizzaböden formen und wie im Rezept (S. 102) angegeben belegen und backen.

Pizzateig mit Poolish

Poolish eignet sich ideal, um in die Welt der Vorteige reinzuschnuppern. Schnell und einfach hergestellt, sorgt er für ein tolles Geschmackserlebnis und eine perfekte Textur des Teiges.

Teigrezepte S. 56–57

Pizzateig mit Sauerteig

Sauerteig gibt dem Teig eine besondere Geschmacksnote, und beim Backen entsteht eine luftige, elastische Kruste. Außerdem kann Sauerteig die Verdaulichkeit des Teiges verbessern und zusätzliche Nährstoffe freisetzen.

PIZZATEIG MIT POOLISH

ZUBEREITUNGSZEIT
35–40 Minuten plus 24 Stunden, 15 Minuten Ruhezeit

TAG 1
POOLISH
ca. 18:00 Uhr herstellen, 5 Minuten

TAG 2
HAUPTTEIG
ca. 13:00 Uhr vermengen, kneten, 20–25 Minuten
ca. 13:25 Uhr dehnen, falten, schleifen, 5 Minuten
ca. 13:45 Uhr portionieren, rundwirken, schleifen, 5 Minuten
ca. 18:50 Uhr Teiglinge weiterverarbeiten

FÜR 3 TEIGKUGELN (À CA. 280 G)

FÜR DEN POOLISH
200 g kaltes Wasser (idealerweise 5–6 °C)
0,5 g frische Hefe oder 0,2 g Trockenhefe
200 g Weizenmehl Type 00 (11–15 % Proteingehalt)

FÜR DEN HAUPTTEIG
120 g kaltes Wasser (idealerweise 5–6 °C)
2 g frische Hefe (oder 0,7 g Trockenhefe)
300 g Weizenmehl Type 00 (11–15 % Proteingehalt)
15 g feines Meersalz

AUSSERDEM
Pizzaballenbox bzw. Teigwanne (alternativ große eingeölte Frischhaltebox)

BACKOFENHINWEIS
Falls du deine Pizza im Backofen backen möchtest, solltest du bei der Teigzubereitung daran denken, beim Hauptteig nur 110 g Wasser, aber dafür noch 10 g Olivenöl einzuarbeiten (siehe S. 37).

TAG 1 – POOLISH

1 Für den Poolish das kalte Wasser in eine ausreichend hohe Frischhaltebox geben und die frische Hefe (oder Trockenhefe) darin auflösen. Das Mehl mit dem Kochlöffel zu einer glatten pastenartigen Masse verrühren. Verschließen und über Nacht **ca. 19 Stunden** (oder 14–24 Stunden) bei **Raumtemperatur** reifen lassen.

TAG 2 – HAUPTTEIG: STOCKGARE, STÜCKGARE

2 Für den Hauptteig das kalte Wasser in eine große Schüssel geben und die frische Hefe (oder Trockenhefe) darin auflösen. Den Poolish mit dem Kochlöffel gut einrühren, das Mehl hinzufügen und von Hand vermengen, bis das Wasser absorbiert ist, dann das Salz einarbeiten. **3** Den Teig auf die Arbeitsfläche geben und mit den Händen **15–20 Minuten** kräftig kneten, bis er schön geschmeidig ist. (Alternativ in der Küchenmaschine zuerst ca. 5–10 Minuten auf mittlerer, dann 10 Minuten auf hoher Stufe kneten.) **4** Nun den Teig dehnen und falten, um 90 Grad drehen und den Vorgang ca. 2-mal wiederholen. Die Teigkugel 5–6-mal schleifen, sodass sie Spannung bekommt. Die Schüssel über die Teigkugel stülpen und **15 Minuten** ruhen lassen. **5** Den Teig in 3 gleich große Stücke (à ca. 280 g) teilen. Ein Teigstück rundwirken und wenden, sodass die Naht unten liegt. Dann 5–6-mal zu einer schönen Teigkugel schleifen. Auf die gleiche Weise 2 weitere Teigkugeln formen. **6** Mit etwas Abstand in die Pizzaballenbox legen, verschließen und **5 Stunden** (oder 4–6 Stunden) bei **Raumtemperatur** reifen lassen. Die Teiglinge sind dann fertig zum Weiterverarbeiten (siehe S. 102–134, 149–153 oder Hinweis unten „Version auf Foto").

Eine ausführliche Beschreibung der Arbeitsschritte für die Stockgare und Stückgare findest du auf S. 22–27.

Version auf Foto: Pizzateig mit Poolish + Pizza prosciutto di Parma
Die Pizzateiglinge nacheinander zu Pizzaböden formen (S. 30) und wie im Rezept (S. 114) angegeben belegen und backen.

PIZZATEIG MIT SAUERTEIG

1 Das kalte Wasser in eine Schüssel geben, den Sauerteig hinzufügen und mit dem Kochlöffel unter Rühren auflösen. Etwa die Hälfte des Mehls dazugeben und vermengen, bis eine pastenartige Masse entsteht. Das Salz hinzufügen und das restliche Mehl von Hand einarbeiten. **2** Den Teig auf die Arbeitsfläche geben und mit den Händen **ca. 15 Minuten** kräftig kneten, bis er schön geschmeidig ist. (Alternativ in der Küchenmaschine zuerst ca. 5 Minuten auf mittlerer, dann 10 Minuten auf hoher Stufe kneten.) **3** Für die Stockgare nun den Teig dehnen und falten, um 90 Grad drehen und den Vorgang ca. 2-mal wiederholen. Die Teigkugel 5–6-mal schleifen, sodass sie Spannung bekommt. In die Pizzaballenbox legen, verschließen und **30 Minuten** ruhen lassen. **4** Für die Stückgare den Teig auf die Arbeitsfläche stürzen und in 3 gleich große Stücke (à ca. 280 g) teilen. Ein Teigstück rundwirken und wenden, sodass die Naht unten liegt. Dann 5–6-mal zu einer schönen Teigkugel schleifen. Auf die gleiche Weise 2 weitere Teigkugeln formen. **5** Mit etwas Abstand in die Pizzaballenbox legen, verschließen und **6 Stunden** (oder 5–7 Stunden) bei **Raumtemperatur** reifen lassen, wobei die Teiglinge weitere wichtige Gärgase entwickeln und das Aroma sich intensiviert. Sie sind dann fertig zum Weiterverarbeiten (siehe S. 102–134, 149–153 oder Hinweis unten „Version auf Foto").

ⓘ Eine ausführliche Beschreibung der Arbeitsschritte für die Stockgare und Stückgare findest du auf S. 22–27.

ZUBEREITUNGSZEIT
ca. 30 Minuten plus 6,5 Stunden Ruhezeit

TEIG
ca. 11:00 Uhr vermengen, kneten, ca. 20 Minuten
ca. 12:20 Uhr dehnen, falten, schleifen, 5 Minuten
ca. 13:00 Uhr portionieren, rundwirken, schleifen, 5 Minuten
ca. 19:00 Uhr Teiglinge weiterverarbeiten

FÜR 3 TEIGKUGELN (À CA. 280 G)

FÜR DEN TEIG
280 g kaltes Wasser (idealerweise 5–6 °C)
135 g Sauerteig bzw. Anstellgut (S. 15)
425 g Weizenmehl Type 00 (11–15 % Proteingehalt)
12 g Salz

AUSSERDEM
Pizzaballenbox bzw. Teigwanne (alternativ große eingeölte Frischhaltebox)

BACKOFENHINWEIS
Falls du deine Pizza später im Backofen backen möchtest, solltest du bei der Teigzubereitung daran denken, beim Teigkneten nur 270 g Wasser, aber dafür noch 10 g Olivenöl zu verwenden (siehe S. 37).

Version auf Foto: Pizzateig mit Sauerteig + Pizza bianca Trio di funghi
Die Pizzateiglinge nacheinander zu Pizzaböden formen (S. 30) und wie im Rezept (S. 122) angegeben belegen und backen.

100%-BIGA-PIZZATEIG

Viel Zeit, Energie und Tüftelei habe ich in dieses Rezept gesteckt, bis ich zufrieden war. Biga ist ein fester, flockiger Vorteig, der für einen leicht nussigen Geschmack und viel Aroma sorgt. Hier wird er nur geschüttelt, was Zeit spart. Normalerweise arbeitet man nur einen Teil des Mehls in den Vorteig, hier jedoch die gesamte Mehlmenge – eben 100 %.

ZUBEREITUNGSZEIT
45 Minuten plus ca.
50 Stunden Ruhezeit

TAG 1
BIGA
ca. 17:00 Uhr herstellen,
10 Minuten

TAG 2
HAUPTTEIG
ca. 17:00 Uhr Biga würfeln,
kneten, 25 Minuten
ca. 17:25 Uhr dehnen, falten,
schleifen, 5 Minuten

TAG 3
PORTIONIEREN
ca. 13:30 Uhr portionieren,
rundwirken, schleifen,
5 Minuten
ca. 19:30 Uhr Teiglinge
weiterverarbeiten

FÜR 3 TEIGKUGELN (À CA. 280 G)

FÜR DEN BIGA
500 g Weizenmehl Type 00 (mind. 11–15 % Proteingehalt)
1,5 g frische Hefe (oder 0,5 g Trockenhefe)
240 g kaltes Wasser (idealerweise 5–6 °C)

TAG 1 – BIGA

1 Für den Biga das Mehl in einen großen verschließbaren Behälter streuen. Die frische Hefe (oder Trockenhefe) im kalten Wasser auflösen und über das Mehl gießen. Den Behälter verschließen und die Zutaten durch leichtes Schütteln und rotierende Bewegungen vermengen. Dadurch entsteht eine typisch flockige Struktur. Die Mehlreste im Behälter mit einem Spatel lösen und locker unter die Biga-Flocken mischen. Abdecken und den Biga bis zum nächsten Tag **ca. 24 Stunden** (oder 20–26 Stunden) im Kühlschrank reifen lassen.

TAG 2 – HAUPTTEIG: STOCKGARE

2 Für den Hauptteig den recht festen Biga aus dem Behälter nehmen in ca. 2 cm große Würfel schneiden, um das Kneten in der Küchenmaschine zu erleichtern. Das Salz im kalten Wasser auflösen. **3** Einen Schuss Salzwasser in die Rührschüssel der Küchenmaschine geben, dann die Biga-Würfel hinzufügen, etwas Salzwasser darübergießen und mit dem Knethaken bei mittlerer Geschwindigkeit kneten. Dabei am besten an der Maschine stehen und beobachten, wie der Teig das Wasser bindet. Nach und nach das restliche Salzwasser hinzufügen, bis alles eingearbeitet und der Teig schön geschmeidig ist. Das dauert **ca. 20 Minuten.**
4 Auf die Arbeitsfläche stürzen und den Teig dehnen und falten, dann um 90 Grad drehen und den Vorgang ca. 2-mal wiederholen. Die Teigkugel 5–6-mal schleifen, sodass sie Spannung bekommt. In die Pizzaballenbox legen, verschließen und **ca. 20 Stunden** (oder 18–24 Stunden) im Kühlschrank reifen lassen. Während dieser Fermentationszeit lösen sich kleinere Klümpchen auf.

Fortsetzung Folgeseite

Fortsetzung

FÜR DEN HAUPTTEIG
15 g feines Meersalz
100 g kaltes Wasser (idealerweise 5–6 °C)

AUSSERDEM
Küchenmaschine bzw. Spiralkneter
Pizzaballenbox bzw. Teigwanne (alternativ große eingeölte Frischhaltebox)

BACKOFENHINWEIS

Falls du deine Pizza später im Backofen backen möchtest, solltest du bei der Teigzubereitung daran denken, beim Hauptteig nur 90 g Wasser, aber dafür noch 10 g Olivenöl einzuarbeiten (siehe S. 37).

TAG 3 – STÜCKGARE

5 Den Teig auf die Arbeitsfläche stürzen und in 3 gleich große Stücke (à ca. 280 g) teilen. Ein Teigstück rundwirken und wenden, sodass die Naht unten liegt. Dann 5–6-mal zu einer schönen Teigkugel schleifen. Auf die gleiche Weise 2 weitere Teigkugeln formen. **6** Mit etwas Abstand in die Pizzaballenbox legen, verschließen und die Teiglinge **6 Stunden** (oder 6–7 Stunden) bei **Raumtemperatur** reifen lassen. Sie sind dann perfekt gereift und fertig zum Weiterverarbeiten (siehe S. 102–134, 149–153 oder Hinweis unten „Version auf Foto").

Eine ausführliche Beschreibung der Arbeitsschritte für die Stockgare und Stückgare findest du auf S. 22–27.

TIPP Rein theoretisch könnte man den Teig auch von Hand kneten, das wäre aber extrem mühsam, darum ist eine Küchenmaschine sehr hilfreich. Falls du keine Pizzaballenbox hast, solltest du die Frischhaltebox einölen, da diese meist deutlich kleiner ist und der Teig an den Seitenwänden kleben würde. Du kannst auch eine Auflaufform verwenden und gut abdecken. Wenn sie groß genug ist, muss sie nicht eingeölt werden.

Version auf Foto: 100%-Biga-Pizzateig + Pizza mortadella, pistacchio e burrata
Die Pizzateiglinge wie auf S. 30 beschrieben nacheinander zu Pizzaböden formen und wie im Rezept (S. 118) angegeben belegen und backen.

1

2

3

4

5

6

Dinkelmehl-Pizzateig

Dinkelmehl enthält mehr Vitamine und Ballaststoffe als Weizenmehl und ist damit sowohl gesünder als auch bekömmlicher. Allerdings nimmt es weniger Wasser auf und darf nicht zu lange geknetet werden, deshalb empfiehlt sich eine Autolyse.

Teigrezepte S. 64–65

Pizzateig mit Vollkornmehl

Vollkornmehl bietet im Vergleich zu Weizenmehl Type 00 mehr als doppelt so viel Ballaststoffe und enthält deutlich mehr Magnesium, Eisen, Zink und Calcium. Wer sich also etwas bewusster ernähren möchte, wird dieses Rezept lieben.

DINKELMEHL-PIZZATEIG

ZUBEREITUNGSZEIT
30 Minuten plus ca. 24 Stunden plus 45 Minuten Ruhezeit

TAG 1
AUTOLYSETEIG
ca. 17:00 Uhr herstellen, 5 Minuten
HAUPTTEIG
ca. 17:35 Uhr vermengen, kneten, 15 Minuten
ca. 17:50 Uhr dehnen, falten, schleifen, 5 Minuten
ca. 18:10 Uhr portionieren, rundwirken, schleifen, 5 Minuten

TAG 2
TEMPERIEREN
ca. 16:00 Uhr aus dem Kühlschrank nehmen
ca. 18:00 Uhr Teiglinge weiterverarbeiten

FÜR 3 TEIGKUGELN (À CA. 280 G)
FÜR DEN AUTOLYSETEIG
515 g Dinkelmehl Type 1050 (12,5 % Proteingehalt oder mehr)
280 g kaltes Wasser (idealerweise 5–6 °C)
FÜR DEN HAUPTTEIG
3 g frische Hefe (oder 1 g Trockenhefe)
30 g kaltes Wasser (idealerweise 5–6 °C)
15 g feines Meersalz
AUSSERDEM
Pizzaballenbox bzw. Teigwanne (alternativ große eingeölte Frischhaltebox)

BACKOFENHINWEIS
Falls du deine Pizza später im Backofen backen möchtest, solltest du bei der Teigzubereitung daran denken, beim Hauptteig nur 20 g Wasser, aber dafür noch 10 g Olivenöl einzuarbeiten (siehe S. 37).

TAG 1 – AUTOLYSETEIG, HAUPTTEIG: STOCKGARE, STÜCKGARE

1 Für den Autolyseteig Mehl und Wasser in eine große Schüssel geben und mit dem Kochlöffel grob vermengen, bis die Flüssigkeit vollständig absorbiert ist. Die Schüssel mit einem Küchentuch abdecken und **30 Minuten** ruhen lassen. **2** Für den Hauptteig die frische Hefe (oder Trockenhefe) im Wasser auflösen, zum Autolyseteig gießen und von Hand einarbeiten, dabei auch das Salz hinzufügen. Den Teig auf die Arbeitsfläche geben und mit den Händen **10 Minuten** (max. 15 Minuten) kräftig kneten, bis er schön geschmeidig ist. (Alternativ in der Küchenmaschine zuerst ca. 5 Minuten auf mittlerer, dann 5 Minuten auf hoher Stufe kneten.) **3** Nun den Teig dehnen und falten, um 90 Grad drehen und den Vorgang ca. 2-mal wiederholen. Die Teigkugel 5–6-mal schleifen, sodass sie Spannung bekommt. Die Schüssel darüberstülpen und **15 Minuten** bei **Raumtemperatur** ruhen lassen. **4** Den Teig in 3 gleich große Stücke (à ca. 280 g) teilen. Ein Teigstück rundwirken und wenden, sodass die Naht unten liegt. Dann 5–6-mal zu einer schönen Teigkugel schleifen. Auf die gleiche Weise 2 weitere Teigkugeln formen. **5** Mit etwas Abstand in die Pizzaballenbox legen, verschließen und über Nacht **ca. 22 Stunden** (oder 20–24 Stunden) im Kühlschrank reifen lassen.

TAG 2

6 Die Box **2 Stunden** vor dem Pizzabacken aus dem Kühlschrank nehmen, damit die Teiglinge Temperatur annehmen und weitere wichtige Gärgase entwickeln. Sie sind dann fertig zum Weiterverarbeiten (siehe S. 102–134, 149–153 oder Hinweis unten „Version auf Foto“).

Eine ausführliche Beschreibung der Arbeitsschritte für die Stockgare und Stückgare findest du auf S. 22–27.

Version auf Foto: Dinkelmehl-Pizzateig + Pizza marinara
Die Pizzateiglinge wie auf S. 30 beschrieben nacheinander zu Pizzaböden formen und wie im Rezept (S. 105) angegeben belegen und backen.

PIZZATEIG MIT VOLLKORNMEHL

TAG 1 – AUTOLYSETEIG, HAUPTTEIG: STOCKGARE

1 Für den Autolyseteig Mehl und Wasser in eine große Schüssel geben und mit dem Kochlöffel grob vermengen, bis die Flüssigkeit vollständig absorbiert ist. Die Schüssel mit einem Küchentuch abdecken und **30 Minuten** ruhen lassen. **2** Für den Hauptteig die frische Hefe (oder Trockenhefe) im Wasser auflösen, zum Autolyseteig gießen und mit dem Kochlöffel einarbeiten, dabei auch das Salz hinzufügen. Den Teig auf die Arbeitsfläche geben und mit den Händen **10–15 Minuten** kräftig kneten, bis er schön geschmeidig ist. (Alternativ in der Küchenmaschine zuerst ca. 5 Minuten auf mittlerer, dann 5–10 Minuten auf hoher Stufe kneten.) **3** Nun den Teig dehnen und falten, um 90 Grad drehen und den Vorgang ca. 2-mal wiederholen. Die Teigkugel 5–6-mal schleifen, sodass sie Spannung bekommt. In eine Pizzaballenbox legen, verschließen und **ca. 44 Stunden** (oder 42–46 Stunden) im Kühlschrank reifen lassen.

TAG 3 – STÜCKGARE

4 Den Teig in 3 gleich große Stücke (à ca. 280 g) teilen. Ein Teigstück rundwirken und wenden, sodass die Naht unten liegt. Dann 5–6-mal zu einer schönen Teigkugel schleifen. Auf die gleiche Weise 2 weitere Teigkugeln formen. **5** Mit etwas Abstand in die Pizzaballenbox legen, verschließen und **4 Stunden** (oder 4–6 Stunden) bei **Raumtemperatur** reifen lassen. Die Teiglinge sind dann fertig zum Weiterverarbeiten (siehe S. 102–134, 149–153 oder Hinweis unten „Version auf Foto").

Eine ausführliche Beschreibung der Arbeitsschritte für die Stockgare und Stückgare findest du auf S. 22–27.

Version auf Foto: Pizzateig mit Vollkornmehl + Pizza salsiccia e friarielli
Die Pizzateiglinge wie auf S. 30 beschrieben nacheinander zu Pizzaböden formen, dabei vorsichtig vorgehen, denn Vollkornteig ist nicht sehr strapazierfähig, und wie im Rezept (S. 117) angegeben belegen und backen.

ZUBEREITUNGSZEIT

30–35 Minuten plus ca.
48 Stunden, 30 Minuten Ruhezeit

TAG 1

AUTOLYSETEIG
ca. 17:00 Uhr herstellen, 5 Minuten
HAUPTTEIG
ca. 17:35 Uhr vermengen, kneten, 15–20 Minuten
ca. 17:55 Uhr dehnen, falten, schleifen, 5 Minuten

TAG 3

PORTIONIEREN
ca. 14:00 Uhr portionieren, rundwirken, schleifen, 5 Minuten
ca. 18:00 Uhr Teiglinge weiterverarbeiten

FÜR 3 TEIGKUGELN (À CA. 280 G)

FÜR DEN AUTOLYSETEIG
470 g Weizenvollkornmehl
315 g kaltes Wasser (idealerweise 5–6 °C)
FÜR DEN HAUPTTEIG
2,5 g frische Hefe (oder 0,8 g Trockenhefe)
35 g kaltes Wasser (idealerweise 5–6 °C)
15 g feines Meersalz
AUSSERDEM
Pizzaballenbox bzw. Teigwanne (alternativ große eingeölte Frischhaltebox)

BACKOFENHINWEIS

Falls du deine Pizza später im Backofen backen möchtest, solltest du bei der Teigzubereitung daran denken, beim Hauptteig nur 25 g Wasser, aber dafür noch 10 g Olivenöl einzuarbeiten (siehe S. 37).

Pizzateig mit Biga

Teigrezepte S. 68–71

Pizzateiglinge aus dem Gefrierfach

PIZZATEIG MIT BIGA

Durch den Biga bekommt die Pizza einen charakteristischen, leicht nussigen Geschmack und wird obendrein noch sehr bekömmlich. Da der flockige, ziemlich feste Biga sehr schwierig von Hand zu kneten ist, sollte man diese Arbeit besser der Küchenmaschine oder dem Spiralkneter überlassen.

ZUBEREITUNGSZEIT
40–45 Minuten plus
17–21 Stunden, 15 Minuten
Ruhezeit

TAG 1
BIGA
ca. 21:00 Uhr herstellen,
zerzupfen, 10 Minuten

TAG 2
HAUPTTEIG
ca. 12:00 Uhr würfeln, kneten,
20–25 Minuten
ca. 12:25 Uhr dehnen, falten,
schleifen, 5 Minuten
ca. 12:45 Uhr portionieren,
rundwirken, schleifen,
5 Minuten
ca. 18:00 Uhr Teiglinge
weiterverarbeiten

FÜR 3 TEIGKUGELN (À CA. 280 G)
FÜR DEN BIGA
250 g Weizenmehl Type 00
(11–15 % Proteingehalt)
4 g frische Hefe
(oder 1,3 g Trockenhefe)
110 g kaltes Wasser
(idealerweise 5–6 °C)
FÜR DEN HAUPTTEIG
210 g Wasser
1 g frische Hefe
(oder 0,3 g Trockenhefe)

TAG 1 – BIGA

1 Für den Biga das Mehl in eine Schüssel geben. Die frische Hefe (oder Trockenhefe) im kalten Wasser auflösen, über das Mehl gießen und alles mit dem Kochlöffel grob vermengen. Auf die Arbeitsfläche geben und grob von Hand verkneten, bis das Mehl vollständig eingearbeitet ist. Die Masse in rustikale Stücke zerzupfen, in einen Behälter füllen, verschließen und über Nacht **12–16 Stunden** im Kühlschrank reifen lassen. Die Zeitspanne ist bei Biga recht flexibel.

TAG 2 – HAUPTTEIG: STOCKGARE, STÜCKGARE

2 Für den Hauptteig den Biga aus dem Behälter nehmen in ca. 2 cm große Würfel schneiden, damit er sich leichter kneten lässt. In die Rührschüssel der Küchenmaschine geben, drei Viertel des Wassers (ca. 160 g), frische Hefe (oder Trockenhefe) und Mehl hinzufügen und mit dem Knethaken bei mittlerer Geschwindigkeit kneten. Sobald das Wasser absorbiert ist, nach und nach das restliche Wasser hinzugießen und einarbeiten, dabei den Knetvorgang am besten beobachten. Das Salz dazugeben und den Teig bei hoher Geschwindigkeit weiterkneten, bis er richtig schön geschmeidig ist. Das dauert insgesamt **15–20 Minuten.**
3 Auf die Arbeitsfläche stürzen und den Teig dehnen und falten, dann um 90 Grad drehen und den Vorgang ca. 2-mal wiederholen. Die Teigkugel 5–6-mal schleifen, sodass sie Spannung bekommt. Eine Schüssel darüberstülpen und **15 Minuten** bei **Raumtemperatur** entspannen lassen. **4** Den Teig in 3 gleich große Stücke (à ca. 280 g) teilen. Ein Teigstück rundwirken und wenden, sodass die Naht unten liegt. Dann 5–6-mal zu einer schönen Teigkugel schleifen. Auf die gleiche Weise

2 weitere Teigkugeln formen. **5** Die Teiglinge mit etwas Abstand in die Pizzaballenbox legen, verschließen und **5 Stunden** (oder 4–5 Stunden) bei **Raumtemperatur** reifen lassen. Danach ist ihr Volumen deutlich vergrößert, sie duften aromatisch nach fermentiertem Teig und sind fertig zum Weiterverarbeiten (siehe S. 102–134, 149–153 oder Hinweis unten „Version auf Foto").

Eine ausführliche Beschreibung der Arbeitsschritte für die Stockgare und Stückgare findest du auf S. 22–27.

TIPP Ziel ist hier langes Kneten bei geringer Teigtemperatur. Ich kontrolliere meine Teige immer mit einem Infrarot-Thermometer. Bei 24 °C Teigtemperatur stoppe ich die Maschine. Ein gut ausgekneteter Teig ist schön geschmeidig und elastisch, ein Teig, der zu lange geknetet wurde, ist dagegen instabil und kleisterartig, er zieht sich dann am Knethaken nicht nur etwas (das wäre normal), sondern vollständig hoch.

---

250 g Weizenmehl Type 00
(11–15 % Proteingehalt)
15 g feines Meersalz

AUSSERDEM

Küchenmaschine bzw. Spiralkneter
Pizzaballenbox bzw. Teigwanne (alternativ große eingeölte Frischhaltebox)

BACKOFENHINWEIS

Falls du deine Pizza später im Backofen backen möchtest, solltest du bei der Teigzubereitung daran denken, beim Hauptteig nur 200 g Wasser, aber dafür noch 10 g Olivenöl einzuarbeiten (siehe S. 37).

Version auf Foto: Pizzateig mit Biga + Pizza Teichners Beste
Die Pizzateiglinge wie auf S. 30 beschrieben nacheinander zu Pizzaböden formen und wie im Rezept (S. 109) angegeben belegen und backen.

PIZZATEIGLINGE AUS DEM GEFRIERFACH

Einmal Zeit investieren und immer hochwertige Pizzateiglinge im Gefrierfach haben? Mit dieser Anleitung zeige ich, wie das funktioniert. Ich empfehle hier den 48-Stunden-Pizzateig, der aber mit 0,5 g mehr, also 2 g frischer Hefe hergestellt werden muss, denn Hefe verliert im gefrorenen Zustand an Triebkraft.

ZUBEREITUNGSZEIT
35–50 Minuten plus 48 Stunden Ruhezeit und 24 Stunden Gefrierzeit, Lagerzeit und mind. 6 Stunden Auftauzeit

TAG 1
AUTOLYSETEIG
ca. 18:00 Uhr herstellen, 5 Minuten
HAUPTTEIG
ca. 18:35 Uhr vermengen, kneten, 15–20 Minuten
ca. 19:55 Uhr dehnen, falten, schleifen, 5 Minuten

TAG 2
PORTIONIEREN
ca. 20:00 Uhr portionieren, rundwirken, schleifen, 5 Minuten

TAG 3/4
ca. 20:00 Uhr Teiglinge einfrieren, 1–10 Minuten

TAG 4/5
ca. 20:00 Uhr Teiglinge verpacken, 2–5 Minuten

VORTAG ODER TAG DER VERWENDUNG
Teiglinge auftauen lassen

TAG 1 UND 2 – AUTOLYSETEIG, HAUPTTEIG: STOCKGARE, STÜCKGARE

1 Den 48-Stunden-Pizzateig wie auf S. 52 angegeben herstellen, dabei allerdings wie in der Zutatenliste hier angegeben 2 g Hefe (statt 1,5 g) verwenden. Nach der Stückgare die Teiglinge **24 Stunden** (statt 20 Stunden) im Kühlschrank reifen lassen, denn die 4 Stunden Stückgare bei Raumtemperatur werden hier nicht benötigt.

TAG 3 UND 4 – EINFRIEREN

2 Nach der 24-Stunden-Stückgare im Kühlschrank werden die Teiglinge eingefroren. Dazu gibt es zwei Optionen:
a) Falls ein großer Gefrierschrank vorhanden ist, kann man die komplette Pizzaballenbox mit den Teiglingen hineingeben und gefrieren lassen.
b) Bei begrenztem Platz 3 Backpapierzuschnitte anfertigen, in die Pizzaballenbox legen und die perfekt geschliffenen Teiglinge daraufsetzen. Die Box in den Kühlschrank geben und den Teig bei **5 °C 24 Stunden** reifen lassen. Nach dieser Zeit mithilfe der Backpapierzuschnitte die Teiglinge entnehmen und ins Gefrierfach legen.
Die Teiglinge müssen nun **24 Stunden** ordentlich durchfrieren.

TAG 4 ODER 5 – VERPACKEN

3 Nach der Gefrierzeit die Teiglinge in Gefrierbeutel legen oder noch besser vakuumieren. Dadurch erhält man eine deutlich längere Haltbarkeit von über 6 Monaten und beugt Gefrierbrand vor.

VORTAG ODER TAG DER VERWENDUNG (AUFTAUEN)

4 Möchte man nun Pizzen backen, so gibt es wieder zwei Optionen:
a) Am Tag vor dem Pizzabacken abends die gefrorenen Teiglinge zum Auftauen in den Kühlschrank legen. Dann am Backtag herausnehmen und vor dem Backen 2–3 Stunden Temperatur annehmen lassen.
b) Die gefrorenen Teiglinge am Backtag in eine Pizzaballenbox legen (falls sie nicht schon darin eingefroren wurden) und 6 Stunden bei **Raumtemperatur** auftauen lassen.

TIPP Falls du keine Pizzaballenbox hast, dann verwende für die Stückgare 3 runde, mit Olivenöl eingefettete Frischhalteboxen. Darin dürfen die Teiglinge auch eingefroren werden.

FÜR 3 TIEFKÜHL-TEIGKUGELN (À CA. 280 G)

FÜR DEN AUTOLYSETEIG
500 g Weizenmehl Type 00 (11–15 % Proteingehalt)
290 g kaltes Wasser (idealerweise 5–6 °C)

FÜR DEN HAUPTTEIG
2 g frische Hefe (oder 0,7 g Trockenhefe)
30 g kaltes Wasser (idealerweise 5–6 °C)
15 g feines Meersalz

BACKOFENHINWEIS

Falls du deine Pizza später im Backofen backen möchtest, solltest du bei der Teigzubereitung daran denken, beim Hauptteig nur 20 g Wasser, aber dafür noch 10 g Olivenöl einzuarbeiten (siehe S. 37).

Version auf Foto: Pizzateiglinge aus dem Gefrierfach + Pizza salami
Die aufgetauten Pizzateiglinge wie auf S. 30 beschrieben nacheinander zu Pizzaböden formen und wie im Rezept (S. 106) angegeben belegen und backen.

SAME-DAY-PIZZATEIG

Dieser Pizzateig ist ideal, wenn es mal schneller gehen muss. Vormittags den Teig ansetzen und abends köstliche Pizza mit Freunden und Familie genießen.

ZUBEREITUNGSZEIT
35 Minuten plus 7,5 Stunden Ruhezeit

AUTOLYSETEIG
ca. 11:00 Uhr herstellen, 5 Minuten
HAUPTTEIG
ca. 11:35 Uhr vermengen, kneten, 20 Minuten
ca. 11:55 Uhr dehnen, falten, schleifen, 5 Minuten
ca. 16:00 Uhr portionieren, rundwirken, schleifen, 5 Minuten
ca. 19:00 Uhr Teiglinge weiterverarbeiten

FÜR 3 TEIGKUGELN (À CA. 280 G)
FÜR DEN AUTOLYSETEIG
500 g Weizenmehl Type 00 (11–15 % Proteingehalt)
280 g kaltes Wasser (idealerweise 5–6 °C)
FÜR DEN HAUPTTEIG
4 g frische Hefe (oder 1,5 g Trockenhefe)
30 g kaltes Wasser (idealerweise 5–6 °C)
15 g Olivenöl
7 g Honig (oder Zucker)
15 g feines Meersalz
AUSSERDEM
Pizzaballenbox bzw. Teigwanne (alternativ große eingeölte Frischhaltebox)

1 Für den Autolyseteig Mehl und Wasser in eine große Schüssel geben und mit dem Kochlöffel grob vermengen, bis die Flüssigkeit vollständig absorbiert ist. Die Schüssel mit einem Küchentuch abdecken und **30 Minuten** ruhen lassen. **2** Für den Hauptteig die frische Hefe (oder Trockenhefe) im Wasser auflösen, zum Autolyseteig gießen, von Hand vermengen, Olivenöl, Honig und Salz hinzufügen und einarbeiten. Den Teig auf die Arbeitsfläche stürzen und mit den Händen **15 Minuten** kneten, bis er geschmeidig ist. (Alternativ in der Küchenmaschine zuerst ca. 5 Minuten auf mittlerer, dann 10 Minuten auf hoher Stufe kneten.) **3** Für die Stockgare nun den Teig dehnen und falten, um 90 Grad drehen und den Vorgang ca. 2-mal wiederholen. Die Teigkugel 5–6-mal schleifen, sodass sie Spannung bekommt. In eine Pizzaballenbox legen, verschließen und **4 Stunden** (oder 4–5 Stunden) bei **Raumtemperatur** reifen lassen. **4** Für die Stückgare den Teig in 3 gleich große Stücke (à ca. 280 g) teilen. Ein Teigstück rundwirken und wenden, sodass die Naht unten liegt. Dann 5–6-mal zu einer schönen Teigkugel schleifen. Auf die gleiche Weise 2 weitere Teigkugeln formen. **5** Mit etwas Abstand in die Box legen, verschließen und **3 Stunden** (oder 3–4 Stunden) bei **Raumtemperatur** reifen lassen. Die Teiglinge sind dann fertig zum Weiterverarbeiten (siehe S. 102–134, 149–153 oder Hinweis unten „Version auf Foto").

Eine ausführliche Beschreibung der Arbeitsschritte für die Stockgare und Stückgare findest du auf S. 22–27.

Version auf Foto: Same-Day-Pizzateig + Pizza salami
Die Pizzateiglinge wie auf S. 30 beschrieben nacheinander zu Pizzaböden formen und wie im Rezept (S. 106) angegeben belegen, dabei die Tomatensauce für amerikanische Pizzaklassiker (S. 96) verwenden, und backen.

Same-Day-Pizzateig

Pizzateig New York Style
Teigrezept S. 74–75

PIZZATEIG NEW YORK STYLE

Fühl dich wie in New York City –
One-Dollar-Slice für zu Hause!

ZUBEREITUNGSZEIT
30–35 Minuten plus ca. 24 Stunden, 15 Minuten Ruhezeit

TAG 1
TEIG
ca. 18:00 Uhr vermengen, kneten, 20–25 Minuten
ca. 18:25 Uhr dehnen, falten, schleifen, 5 Minuten
ca. 18:45 Uhr portionieren, rundwirken, schleifen, 5 Minuten

TAG 2
TEMPERIEREN
ca. 17:00 Uhr aus dem Kühlschrank nehmen
ca. 19:00 Uhr Teiglinge weiterverarbeiten

FÜR 3 TEIGKUGELN (À CA. 280 G)
FÜR DEN TEIG
500 g Weizenmehl Type 00 (11–15 % Proteingehalt)
15 g feines Meersalz
3 g frische Hefe (oder 1 g Trockenhefe)
300 g kaltes Wasser (idealerweise 5–6 °C)
15 g Olivenöl
AUSSERDEM
Pizzaballenbox bzw. Teigwanne (alternativ große eingeölte Frischhaltebox)

TAG 1 – TEIG: STOCKGARE, STÜCKGARE

1 Für den Teig Mehl und Salz in eine Schüssel geben und vermischen. Die frische Hefe (oder Trockenhefe) im kalten Wasser auflösen und das Olivenöl hinzugeben. Die Flüssigkeit über das Mehl gießen und mit einem Kochlöffel einarbeiten. Den Teig auf die Arbeitsfläche geben und mit den Händen **15–20 Minuten** kräftig kneten, bis er schön geschmeidig ist. (Alternativ in der Küchenmaschine zuerst ca. 5–10 Minuten auf mittlerer, dann 10 Minuten auf hoher Stufe kneten.) **2** Nun den Teig dehnen und falten, um 90 Grad drehen und den Vorgang ca. 2-mal wiederholen. Die Teigkugel 5–6-mal schleifen, sodass sie Spannung bekommt. Die Schüssel darüberstülpen und **15 Minuten** ruhen lassen. **3** Den Teig in 3 gleich große Stücke (à ca. 280 g) teilen. Ein Teigstück rundwirken und wenden, sodass die Naht unten liegt. Dann 5–6-mal zu einer schönen Teigkugel schleifen. Auf die gleiche Weise 2 weitere Teigkugeln formen. **4** Mit etwas Abstand in eine Pizzaballenbox legen, verschließen und **1 Stunde** bei **Raumtemperatur** gehen lassen. Dann in den Kühlschrank stellen und über Nacht **ca. 22 Stunden** (oder 18–24 Stunden) reifen lassen.

TAG 2

5 Die Box 2 Stunden vor dem Pizzabacken aus dem Kühlschrank nehmen, damit die Teiglinge Temperatur annehmen. Sie sind dann perfekt gereift und fertig zum Weiterverarbeiten (siehe S. 102–134, 149–153 oder Hinweis rechts „Version auf Foto“).

ⓘ Eine ausführliche Beschreibung der Arbeitsschritte für die Stockgare und Stückgare findest du auf S. 22–27.

BESONDERHEITEN BEIM BACKEN
Es gehört zur Besonderheit dieser Pizza, dass sie länger gebacken wird. Wenn man den Backofen verwendet, muss der Teigboden nicht wie sonst vorgebacken werden. Die Pizzateiglinge wie auf S. 30 beschrieben nacheinander zu Pizzaböden formen, dann belegen und im vorgeheizten Pizzaofen bei **350 °C Steintemperatur 4–5 Minuten** auf kleinster Flamme backen. Oder den Backofen wie auf S. 36–37 angegeben vorheizen und die fertig belegte Pizza **7–10 Minuten** backen.

TIPP Durch das Rundwirken und Schleifen bekommen die Teiglinge Spannung, sodass die Gärgase während der Stückgare im Teig verbleiben und die Teiglinge nicht verlaufen. Sie müssen immer abgedeckt reifen, da die Oberflächen sonst antrocknen und verkrusten würden. Die Pizzaballenbox muss nicht eingeölt werden, eine Frischhaltebox dagegen schon, da diese meist deutlich kleiner ist und der Teig an den Seitenwänden kleben würde. Auch eine Auflaufform ist geeignet, sie muss aber gut abgedeckt werden. Wenn sie groß genug ist, brauchst du sie nicht einzuölen.

Version auf Foto: Pizzateig New York Style + Pizza Margherita mit Salami
Die Pizzateiglinge wie auf S. 30 beschrieben nacheinander zu Pizzaböden formen und wie im Rezept (S. 102) angegeben belegen, dabei die Tomatensauce für amerikanische Pizzaklassiker (S. 96) verwenden. 11–15 kleine Salamischeiben darauf verteilen und wie oben beschrieben backen. (Vegetarier lassen die Salami einfach weg.)

24-Stunden-Pizzateig

Glutenfreier Pizzateig

Teigrezepte S. 78–81

24-STUNDEN-PIZZATEIG

Der 24-Stunden-Pizzateig eignet sich besonders, wenn man wenig Platz im Kühlschrank hat, da der Teig bei Raumtemperatur reifen darf. Dadurch benötigst du auf 500 g Mehl nur 0,5 g frische Hefe, was einer etwa erbsengroßen Kugel entspricht.

ZUBEREITUNGSZEIT
30–35 Minuten plus ca. 24 Stunden Ruhezeit

TAG 1
AUTOLYSETEIG
ca. 17:30 Uhr herstellen, 5 Minuten
HAUPTTEIG
ca. 18:05 Uhr vermengen, kneten, 15–20 Minuten
ca. 18:25 Uhr dehnen, falten, schleifen, 5 Minuten

TAG 2
PORTIONIEREN
ca. 12:30 Uhr portionieren, rundwirken, schleifen, 5 Minuten
ca. 18:30 Uhr Teiglinge weiterverarbeiten

FÜR 3 PIZZATEIGLINGE (À CA. 280 G)
FÜR DEN AUTOLYSETEIG
500 g Weizenmehl Type 00 (11–15 % Proteingehalt)
290 g kaltes Wasser (idealerweise 5–6 °C)

TAG 1 – AUTOLYSETEIG, HAUPTTEIG: STOCKGARE

1 Für den Autolyseteig das Mehl in eine große Schüssel geben, das Wasser hinzugießen und mit dem Kochlöffel grob vermengen, bis die Flüssigkeit vollständig absorbiert ist. Die Schüssel mit einem Küchentuch abdecken und die Mehlmischung **30 Minuten** ruhen lassen. **2** Für den Hauptteig die frische Hefe (oder Trockenhefe) im Wasser auflösen, zum Autolyseteig gießen und von Hand vollständig einarbeiten. Den Teig auf die Arbeitsfläche geben, das Salz einarbeiten und den Teig mit den Händen **10–15 Minuten** kräftig kneten, bis er schön geschmeidig ist. (Alternativ in der Küchenmaschine zuerst ca. 5 Minuten auf mittlerer, dann 5–10 Minuten auf hoher Stufe kneten.) **3** Nun den Teig dehnen und falten, um 90 Grad drehen und den Vorgang ca. 2-mal wiederholen. Die Teigkugel 5–6-mal schleifen, sodass sie Spannung bekommt. In die Pizzaballenbox legen, verschließen und über Nacht **ca. 18 Stunden** (oder 16–18 Stunden) bei **Raumtemperatur** reifen lassen.

TAG 2 – STÜCKGARE

4 Den Teig auf die Arbeitsfläche stürzen und in 3 gleich große Stücke (à ca. 280 g) teilen. Ein Teigstück rundwirken und wenden, sodass die Naht unten liegt. Dann 5–6-mal zu einer schönen Teigkugel schleifen. Auf die gleiche Weise 2 weitere Teigkugeln formen.

5 Die Teiglinge mit etwas Abstand in die Pizzaballenbox legen, verschließen und **6 Stunden** (oder 5–6 Stunden) bei **Raumtemperatur** reifen lassen. Sie sind dann perfekt gereift und fertig zum Weiterverarbeiten (siehe S. 102–134, 149–153 oder Hinweis unten „Version auf Foto").

Eine ausführliche Beschreibung der Arbeitsschritte für die Stockgare und Stückgare findest du auf S. 22–27.

TIPP Es ist wichtig, die Teiglinge rundzuwirken und zu schleifen, damit sie Spannung bekommen, denn nur so hält man die Gärgase während der Stückgare in den Teiglingen, sodass sie nicht verlaufen. Wichtig ist auch, dass der Teig abgedeckt reifen muss, da sich sonst eine trockene Kruste an der Oberfläche bilden würde. Falls du keine Pizzaballenbox hast, solltest du die Frischhaltebox einölen, da diese meist deutlich kleiner ist und der Teig an den Seitenwänden kleben würde. Du kannst auch eine Auflaufform verwenden und gut abdecken. Wenn sie groß genug ist, muss sie nicht mit Öl ausgestrichen werden.

FÜR DEN HAUPTTEIG
0,5 g frische Hefe
(oder 0,2 g Trockenhefe)
30 g kaltes Wasser
(idealerweise 5–6 °C)
15 g feines Meersalz

AUSSERDEM
Pizzaballenbox bzw. Teigwanne (alternativ große eingeölte Frischhaltebox)

BACKOFENHINWEIS
Falls du deine Pizza später im Backofen backen möchtest, solltest du bei der Teigzubereitung daran denken, beim Hauptteig nur 20 g Wasser, aber dafür noch 10 g Olivenöl einzuarbeiten (siehe S. 37).

Version auf Foto: 24-Stunden-Pizzateig + Pizza prosciutto e funghi
Die Pizzateiglinge wie auf S. 30 beschrieben nacheinander zu Pizzaböden formen und wie im Rezept (S. 110) angegeben belegen und backen.

GLUTENFREIER PIZZATEIG

Mit ein paar Tricks und der richtigen Mehlmischung ist es möglich, eine richtig gute glutenfreie Pizza zu backen. Es benötigt nur etwas Feingefühl und Geduld, da der Teig wegen des fehlenden Glutens nicht so stabil ist. Du kannst eine fertige glutenfreie Mehlmischung kaufen, die aber oft recht teuer ist, oder sie selbst mischen, wie rechts angegeben.

ZUBEREITUNGSZEIT
20 Minuten plus ca. 24,5 Stunden Ruhezeit

TAG 1
TEIG
ca. 18:00 Uhr vermengen, kneten, 15 Minuten
ca. 18:45 Uhr portionieren, rundwirken, schleifen, 5 Minuten

TAG 2
TEMPERIEREN
ca. 16:00 Uhr aus dem Kühlschrank nehmen
ca. 19:00 Uhr Teiglinge weiterverarbeiten

FÜR 3 TEIGKUGELN (À CA. 310 G)
FÜR DEN TEIG
500 g glutenfreies Mehl (z. B. Caputo Fioreglut oder eigene Mischung, siehe rechts)
15 g feines Meersalz
4 g frische Hefe (oder 1,5 g Trockenhefe)
400 g kaltes Wasser (idealerweise 5–6 °C)
15 g Olivenöl
AUSSERDEM
Pizzaballenbox bzw. Teigwanne (alternativ große eingeölte Frischhaltebox)

TAG 1 – STOCKGARE, STÜCKGARE

1 Für den Teig Mehl und Salz in eine Schüssel geben und vermischen. Die frische Hefe (oder Trockenhefe) im Wasser auflösen, über das Mehl gießen und mit dem Kochlöffel grob vermengen, bis das Wasser absorbiert ist. **2** Den Teig auf die Arbeitsfläche geben und mit den Händen **ca. 5 Minuten** kneten. Das Olivenöl hinzugeben und weitere **5 Minuten** einarbeiten. Der Teig ist sehr klebrig, am besten die Hände zum Kneten leicht befeuchten und zum Schluss den Teig mit einer Teigkarte von den Händen streifen. (Alternativ in der Küchenmaschine zuerst ca. 5 Minuten auf mittlerer, dann 5 Minuten auf hoher Stufe kneten.) Die Schüssel über den Teig stülpen und **30 Minuten** ruhen lassen. **3** Den Teig in 3 gleich große Stücke (à ca. 310 g) teilen. Ein Teigstück rundwirken und wenden, sodass die Naht unten liegt. Dann 5–6-mal schleifen, damit eine schöne Teigkugel mit Spannung entsteht. Auf die gleiche Weise 2 weitere Teigkugeln formen. **4** Die Teiglinge mit etwas Abstand in die Pizzaballenbox legen, verschließen und über Nacht **ca. 21 Stunden** (oder 20–24 Stunden) im Kühlschrank reifen lassen.

TAG 2

5 Die Box **3 Stunden** vor dem Pizzabacken aus dem Kühlschrank nehmen, damit die Teiglinge Temperatur annehmen. Sie sind dann perfekt gereift und fertig zum Weiterverarbeiten (siehe Hinweise rechts „Version auf Foto“ oder „Belag nach Belieben“).

i Eine ausführliche Beschreibung der Arbeitsschritte für die Stückgare findest du auf S. 22–27.

BESONDERHEITEN BEIM FORMEN …

Auf die Arbeitsfläche ein Bett aus glutenfreiem Mehl häufen. Die Teiglinge leicht mit glutenfreiem Mehl bestäuben, vorsichtig aus der Box heben und auf das Mehlbett legen. Dann mit den Fingerkuppen die Luft von unten nach oben drücken und dabei einen Rand (Randbreite nach

Wahl) stehen lassen. Den Teig um 180 Grad drehen (nicht wenden!) und den Vorgang wiederholen. Achtung: Der Teig hat kaum Stabilität, deshalb ist es wichtig, nur behutsam mit den Fingerkuppen zu arbeiten, bis die gewünschte Größe (28–30 cm ø) erreicht ist.

... UND BACKEN

Den Pizzaschieber mit etwas glutenfreiem Mehl bestäuben und den Teigboden auf den Schieber ziehen. Dann mit Tomatensauce bestreichen, nach Wahl belegen, in den vorgeheizten Pizzaofen einschießen und bei **300–350 °C Steintemperatur** auf kleinster Flamme **4–5 Minuten** backen. Alternativ den Backofen wie auf S. 36–37 angegeben vorheizen, den Teigboden **2 Minuten** vorbacken, dann belegen und **3–4 Minuten** fertig backen.

TIPP FÜR DEN BELAG Was den Belag betrifft, so kannst du dich von allen Pizzen hier im Buch inspirieren lassen und jeden glutenfreien Belag, der bei den Pizzarezepten angegeben ist, verwenden.

SELBST GEMISCHTES GLUTENFREIES MEHL 400 g Reismehl, 290 g Buchweizenmehl, 150 g Tapiokastärke, 150 g Kartoffelstärke, 10 g Flohsamenpulver und 15 g Johannisbrotkernmehl mischen und in einer Vorratsbox aufbewahren. Das ergibt 1015 g Mehlmischung, für dieses Rezept hier benötigst Du knapp die Hälfte davon.

Version auf Foto: Glutenfreier Pizzateig + Pizza Margherita
Die Pizzateiglinge wie oben beschrieben nacheinander zu 28–30 cm großen Pizzaböden mit glutenfreiem Mehl formen, mit den im Rezept (S. 102) genannten Zutaten belegen und wie oben angegeben backen.

Pizzateig Detroit Style

Deep-Dish-Pizzateig
Chicago Style

Teigrezepte S. 84–85

PIZZATEIG DETROIT STYLE

Fluffig-aromatischer Teig, knuspriger Boden und maximale Röstaromen von oben. Diese Art von Pizza eignet sich super für den nächsten Filmeabend mit Freunden und Familie.

ZUBEREITUNGSZEIT
25 Minuten plus 4,5 Stunden Ruhezeit

TEIG
ca. 14:00 Uhr vermengen, 5 Minuten
ca. 14:35 Uhr dehnen, falten, 5 Minuten
ca. 15:10 Uhr dehnen, falten, 5 Minuten
ca. 15:45 Uhr dehnen, falten, 5 Minuten
FORMEN
ca. 17:50 Uhr ausziehen, 5 Minuten
ca. 18:55 Uhr weiterverarbeiten

FÜR 1 RECHTECKIGEN PIZZABODEN (38 × 25 CM)
FÜR DEN TEIG
350 g Weizenmehl Type 00 (11–15 % Proteingehalt)
8 g feines Meersalz
6 g frische Hefe (oder 2 g Trockenhefe)
240 g handwarmes Wasser
Olivenöl zum Einfetten
AUSSERDEM
kleines Backblech oder große Auflaufform (38 × 25 cm)

BACKTIPP
Durch den Pizzastahl oder -stein backt der Boden der Pizza noch besser durch, aber es geht auch ohne.

1 Für den Teig Mehl und Salz in einer großen Schüssel vermischen. Die frische Hefe (oder Trockenhefe) im handwarmen Wasser auflösen, zum Mehl geben und mit dem Kochlöffel gut vermengen, bis das Wasser absorbiert ist. Die Schüssel mit einem Küchentuch abdecken und **30 Minuten** ruhen lassen. **2** Den Teig in eine geölte große Frischhaltebox legen und mit der Coil-fold-Methode 3-mal im Abstand von **30 Minuten** dehnen und falten. Das stärkt das Glutengerüst, und das Mehl quillt während der Ruhezeiten auf. Nach dem dritten Vorgang die Box verschließen und den Teig **2 Stunden** (oder 2–4 Stunden) bei **Raumtemperatur** reifen lassen. **3** Das Backblech gut mit Olivenöl einfetten, den Teig daraufstürzen und vorsichtig bis in die Ecken ausziehen. Mit einem feuchten Küchentuch abdecken und noch **1 Stunde** (oder 1–2 Stunden) bei **Raumtemperatur** gehen lassen. Der Teig ist dann fertig zum Weiterverarbeiten (siehe Hinweis unten „Version auf Foto").

Eine ausführliche Beschreibung der Arbeitsschritte für die Coil-fold-Methode findest du auf S. 26–27.

TIPP Ich knete diesen Teig nicht, da er durch die Coil-fold-Methode seine Struktur erhält. Wer möchte, kann ihn aber auch stattdessen per Hand oder mit der Maschine kneten.

Version auf Foto: Pizzateig Detroit Style + Belag mit Mozzarella und Salami
Den Backofen auf mindestens 250 °C (Ober-/Unterhitze) vorheizen, dabei, falls vorhanden, auf der mittleren Schiene einen Pizzastahl oder -stein (alternativ ein umgedrehtes Backblech) mit in den Ofen geben. 150 g Fior-di-latte-Mozzarella (Alternative siehe S. 32) in 8 × 8 × 40 mm große Stifte schneiden und über den Teig streuen, 150 g Tomatensauce für amerikanische Pizzaklassiker (S. 96) in breiten Streifen darüber verteilen und nach Belieben noch mit 20–25 Scheiben Peperoni-Salami belegen. In den vorgeheizten Ofen auf die mittlere Schiene geben und 16–18 Minuten backen. Herausnehmen, nach Belieben mit 15 g frisch geriebenem Parmesan bestreuen und in Stücke schneiden.

DEEP-DISH-PIZZATEIG CHICAGO STYLE

Das Besondere an einer Deep-Dish-Pizza ist der dicke Teigboden mit hohem Rand, der großzügig mit Tomatensauce und Belägen gefüllt ist, sodass sie mehr wie ein Kuchen als wie eine traditionelle Pizza aussieht.

1 Für den Teig Mehl, Maisgrieß und Salz in eine Schüssel geben und vermischen. Frische Hefe (oder Trockenhefe) und Honig im handwarmen Wasser auflösen und die Hälfte davon zur Mehlmischung geben. Mit dem Kochlöffel grob vermengen, die restliche Flüssigkeit hinzufügen und von Hand einarbeiten, bis sie absorbiert ist. Dann das Olivenöl einarbeiten, gefolgt von der weichen Butter. **2** Den Teig auf die Arbeitsfläche stürzen und mit den Händen **10–15 Minuten** kräftig kneten, bis der Teig schön geschmeidig ist. (Alternativ in der Küchenmaschine zuerst ca. 5 Minuten auf mittlerer, dann 5–10 Minuten auf hoher Stufe kneten.) In eine eingeölte Schüssel geben, mit einem feuchten Küchentuch abdecken und **1 Stunde** bei **Raumtemperatur** reifen lassen. **3** Die Backform oder Pfanne mit reichlich Olivenöl ausstreichen. Die Arbeitsfläche mit Mehl bestäuben, den Teig daraufstürzen und zu einem ca. 36 cm großen Kreis ausrollen. In die vorbereitete Form legen, leicht andrücken und einen Rand formen. Der Teig ist dann fertig zum Weiterverarbeiten (siehe Hinweis unten „Version auf Foto").

ZUBEREITUNGSZEIT
25–30 Minuten plus
1 Stunde Ruhezeit

TEIG
ca. 12:00 Uhr vermengen, kneten, 15–20 Minuten
FORMEN
ca. 13:20 Uhr ausrollen, formen, 10 Minuten
ca. 13:30 Uhr weiterverarbeiten

FÜR 1 DICKEN PIZZABODEN MIT RAND (28 CM Ø)
FÜR DEN TEIG
300 g Mehl (Type 00 11–15 % Proteingehalt) plus etwas mehr zum Bestäuben
80 g Maisgrieß (Polenta)
10 g Salz
10 g frische Hefe (oder 5 g Trockenhefe)
7 g Honig (oder Zucker)
220 g handwarmes Wasser
15 g Olivenöl plus etwas mehr zum Einfetten
5 g weiche Butter
AUSSERDEM
runde Backform oder ofenfeste Pfanne mit hohem Rand (28 cm ø)

Version auf Foto: Deep-Dish-Pizzateig Chicago Style + Belag mit Salsiccia
Den Backofen auf 210 °C (Ober-/Unterhitze) vorheizen. 180 g Fior-di-latte-Mozzarella (Alternative siehe S. 32) grob reiben und auf den Teigboden streuen. 180 g Salsiccia (grobe italienische Bratwurst) in Stücken aus dem Darm drücken und darauf verteilen. 180 g Tomatensauce für amerikanische Pizzaklassiker (S. 96) darübergeben und mit 20 g frisch geriebenem Parmesan bestreuen. In den vorgeheizten Ofen auf die mittlere Schiene geben und 35–40 Minuten backen. Herausnehmen und vor dem Anschneiden 10–15 Minuten abkühlen lassen, damit sich die Deep-Dish-Pizza setzt.

EXPRESS-PAN-PIZZATEIG

Spontan Lust auf eine knusprig-fluffige Pfannenpizza, die schnell und einfach zubereitet ist? Mit diesem Rezept ist es möglich! Da der Teig in kürzester Zeit fertig sein soll, wird hier deutlich mehr Hefe zugesetzt und etwas Zucker ergänzt, damit die Hefe schneller arbeitet. Das Bier intensiviert den Geschmack des Teiges, da er selbst aufgrund der kurzen Reifezeit nur wenig Aroma entwickeln kann.

ZUBEREITUNGSZEIT
20–25 Minuten plus
55–60 Minuten Ruhezeit

TEIG
ca. 17:00 Uhr vermengen, kneten,
15–20 Minuten
FORMEN
ca. 18:05 Uhr ausziehen,
5 Minuten
ca. 18:25 Uhr weiterverarbeiten

FÜR 1 TEIGBODEN (28–30 CM Ø)
FÜR DEN TEIG
180 g Bier (zimmerwarm, alternativ alkoholfreies)
10 g frische Hefe (oder 3,5 g Trockenhefe)
5 g Zucker
9 g feines Meersalz
15 g Olivenöl plus etwas mehr zum Einfetten
280 g Weizenmehl Type 00 (11–15 % Proteingehalt)
AUSSERDEM
ofenfeste gusseiserne Pfanne (28–30 cm ø, alternativ eine herkömmliche ofenfeste Pfanne)

BACKTIPP
Durch den Pizzastahl oder -stein wird der Boden der Pan Pizza noch etwas brauner und knuspriger, aber es geht auch ohne.

1 Für den Teig Bier, frische Hefe (oder Trockenhefe), Zucker, Salz und Olivenöl in eine Schüssel geben und verrühren, bis sich Hefe, Salz und Zucker aufgelöst haben. Das Mehl hinzufügen und mit dem Kochlöffel rühren, bis die Flüssigkeit absorbiert ist. **2** Den Teig auf die Arbeitsfläche geben und mit den Händen **10–15 Minuten** kneten, bis der Teig geschmeidig ist. (Alternativ in der Küchenmaschine zuerst ca. 5 Minuten auf mittlerer, dann 5–10 Minuten auf hoher Stufe kneten.) Den Teig in eine leicht eingeölte Schüssel geben, mit einem feuchten Küchentuch abdecken und **ca. 45 Minuten** ruhen lassen. **3** Die ofenfeste Pfanne mit Olivenöl ausstreichen. Den Teig in die Pfanne legen und bis an den Rand ausziehen. (Falls er sich zusammenzieht, den Teig noch mal abdecken und 10–15 Minuten ruhen lassen, sodass er sich wieder entspannt und sich ausziehen lässt.) Der Teigboden ist dann fertig zum Weiterverarbeiten (siehe Hinweis unten „Version auf Foto").

Version auf Foto: Express-Pan-Pizzateig + Belag mit Peperoni-Salami
Für den Belag 80 g perfekte Tomatensauce (S. 96) gleichmäßig auf den Teig in der Pfanne streichen. 80 g Fior-di-latte-Mozzarella (Alternative siehe S. 32) in 8 × 8 × 40 mm große Stifte schneiden und über der Sauce verteilen. Nach Belieben mit 11–18 Scheiben Peperoni-Salami belegen und abgedeckt 15 Minuten bei Raumtemperatur ruhen lassen. Dabei bilden sich nochmals wichtige Gärgase. Inzwischen den Backofen auf mindestens 250 °C (Ober-/Unterhitze) vorheizen. Falls vorhanden, auf der mittleren Schiene einen Pizzastahl oder -stein (alternativ ein umgedrehtes Backblech) mit in den Ofen geben. Die Pfanne in den vorgeheizten Ofen auf die mittlere Schiene geben und die Pizza 16–20 Minuten backen. Aus dem Ofen nehmen, anschneiden und genießen.

Superluftiger
Blechpizzateig
Teigrezept S. 88–89
Express-Pan-Pizzateig

SUPERLUFTIGER BLECHPIZZATEIG

Als ich noch bei meinen Eltern wohnte, gab es gelegentlich Blechpizza (pizza in teglia) von Mama für die ganze Familie. Das war immer ein Fest und hat alle glücklich gemacht. Der Teig war so, wie ihn vermutlich alle kennen: mit 1 kg Mehl und 1 Würfel Hefe, dann 1 Stunde ruhen lassen – fertig. Hier ist mein Rezept für die perfekte Blechpizza mit deutlich weniger Hefe.

ZUBEREITUNGSZEIT
40 Minuten plus ca. 28 Stunden Ruhezeit

TAG 1
TEIG
ca. 14:30 Uhr vermengen, 5 Minuten
ca. 15:05 Uhr vermengen, kneten, 20 Minuten
ca. 15:25 Uhr dehnen, falten, 5 Minuten
ca. 16:00 Uhr dehnen, falten, 5 Minuten

TAG 2
TEMPERIEREN
ca. 16:00 Uhr aus dem Kühlschrank nehmen
FORMEN
ca. 19:00 Uhr ausziehen, 5 Minuten
ca. 19:05 Uhr weiterverarbeiten

TAG 1 – STOCKGARE

1 Für den Teig das Mehl in eine Schüssel geben. Frische Hefe (oder Trockenhefe) und Honig im kalten Wasser auflösen, zum Mehl geben und mit dem Kochlöffel vermengen, bis das Wasser absorbiert ist. Die Schüssel mit einem Küchentuch abdecken und **30 Minuten** ruhen lassen. **2** Salz und Olivenöl zum Teig geben und von Hand einarbeiten. Auf die Arbeitsfläche stürzen und mit den Händen **15 Minuten** kneten, bis der Teig schön geschmeidig ist. (Alternativ in der Küchenmaschine zuerst ca. 5 Minuten auf mittlerer, dann 10 Minuten auf hoher Stufe kneten.) **3** Den Teig in eine eingeölte große Frischhaltebox legen und mit der Coil-fold-Methode (siehe S. 26-27) 2-mal im Abstand von **30 Minuten** dehnen und falten. Nach dem zweiten Durchgang die Box verschließen und den Teig im Kühlschrank über Nacht **ca. 24 Stunden** (oder 18–26 Stunden) ruhen lassen.

TAG 2

4 Die Box aus dem Kühlschrank nehmen und den Teig **3 Stunden** Temperatur annehmen lassen, wobei sich noch wichtige Gärgase bilden. **5** Das Backblech gut mit Olivenöl ausstreichen. Reichlich Semola auf die Arbeitsfläche streuen, den Teig daraufstürzen und darin wenden. Dann vorsichtig mit den Fingerkuppen zu einem Rechteck formen, auf das vorbereitete Backblech geben und bis in die Ecken ausziehen. Der Teigboden ist dann fertig zum Weiterverarbeiten (siehe Hinweis unten „Version auf Foto").

Eine ausführliche Beschreibung der Arbeitsschritte für die Coilfold-Methode findest du auf S. 26–27.

TIPP Da der Teig nicht ganz einfach zu kneten ist, empfehle ich Anfängern, etwas mehr Mehl und etwas weniger Wasser zu nehmen: 380 g Mehl und 260 g Wasser.

Version auf Foto: Superluftiger Blechpizzateig + Belag à la Margherita
Den Backofen auf mindestens 250 °C (Ober-/Unterhitze) vorheizen, dabei, falls vorhanden, auf der mittleren Schiene einen Pizzastahl oder -stein (alternativ ein umgedrehtes Backblech) mit in den Ofen geben. Den Teigboden mit 150 g perfekter Tomatensauce (S. 96) bestreichen und im vorgeheizten Ofen auf der mittleren Schiene ca. 12 Minuten vorbacken. Inzwischen 180 g Fior-di-latte-Mozzarella (Alternative siehe S. 32) in 8 × 8 × 40 mm große Stifte schneiden. Das Blech aus dem Ofen nehmen, weitere 90 g Tomatensauce auf dem Teigboden verteilen, mit ca. 7 Basilikumblättern belegen, mit 15 g frisch geriebenem Parmesan bestreuen und die Mozzarellastifte darüber verteilen. Etwas Olivenöl darüberträufeln, wieder in den Ofen geben und 6–8 Minuten fertig backen.

FÜR 1 RECHTECKIGEN PIZZABODEN (40 × 30 CM)

FÜR DEN TEIG

350 g Weizenmehl Type 00 (11–15 % Proteingehalt)
3 g frische Hefe (oder 1 g Trockenhefe)
5 g Honig (oder Zucker)
280 g kaltes Wasser (idealerweise 5–6 °C)
10 g Salz
10 g Olivenöl plus etwas mehr zum Einfetten

AUSSERDEM

Backblech (40 × 30 cm)
Semola rimacinata (Hartweizenmehl) zum Teigformen (ersatzweise Weizenmehl)

BACKTIPP

Wenn du einen Pizzastahl oder -stein hast, solltest du diesen mit aufheizen, denn er sorgt für noch besseren Ofentrieb. Der Boden der Pizza wird so besonders knusprig mit schönen Röstaromen.

Pinsa-romana-Teig
mit Gorgonzola

à la Margherita

à la prosciutto di Parma

à la carbonara

Teigrezept S. 92–93

PINSA-ROMANA-TEIG

Die Pinsa romana ist die römische Variante einer Pizza, deren Teig aus mehreren Mehlarten besteht. Reifezeiten bis zu 120 Stunden machen die Pinsa zu etwas ganz Besonderem. Innen fluffig, außen knusprig und mit diversen Belagkreationen – ein tolles Erlebnis!

ZUBEREITUNGSZEIT
35 Minuten plus mind. 78,5 Stunden Ruhezeit

TAG 1
TEIG
ca. 11:00 Uhr vermengen, 5 Minuten
ca. 11:35 Uhr kneten, 15–20 Minuten
ca. 12:00 Uhr dehnen, falten, schleifen, 5 Minuten

TAG 4
PORTIONIEREN
ca. 12:00 Uhr Teig portionieren, rundwirken, schleifen, 5 Minuten
ca. 18:00 Uhr weiterverarbeiten

FÜR 4 PINSA-TEIGLINGE (À CA. 360 G)
FÜR DEN TEIG
550 g Weizenmehl Type 00 (11–15 % Proteingehalt)
50 g Vollkornweizenmehl
100 g Reismehl
100 g Kichererbsenmehl
20 g feines Meersalz
1,5 g frische Hefe (oder 0,5 g Trockenhefe)
600 g kaltes Wasser (idealerweise 5–6 °C)
30 g Olivenöl
AUSSERDEM
Pizzaballenbox bzw. Teigwanne (alternativ große eingeölte Frischhaltebox)

TAG 1 – STOCKGARE

1 Für den Teig alle Mehle und Salz in eine Schüssel geben und vermischen. Die frische Hefe (oder Trockenhefe) im kalten Wasser auflösen, hinzufügen und mit dem Kochlöffel gut vermengen. Mit einem feuchten Küchentuch abdecken und **30 Minuten** ruhen gelassen. **2** Das Olivenöl zum Teig geben und einarbeiten. Auf die Arbeitsfläche stürzen und mit den Händen **15–20 Minuten** kneten, bis der Teig schön geschmeidig ist. (Alternativ in der Küchenmaschine zuerst ca. 5–10 Minuten auf mittlerer, dann 10 Minuten auf hoher Stufe kneten.) Sollte der Teig aber nach 10 Minuten immer noch sehr klebrig sein, wieder in die Schüssel geben, abdecken und **ca. 20 Minuten** ruhen lassen. **3** Nun den Teig dehnen und falten, um 90 Grad drehen und den Vorgang ca. 2-mal wiederholen. Die Teigkugel 5–6-mal schleifen, sodass sie Spannung bekommt. In die Pizzaballenbox legen, verschließen und **72 Stunden** (72 Stunden bis zu maximal 96 Stunden) im Kühlschrank (idealerweise bei 5 °C) reifen lassen.

TAG 4 – STÜCKGARE

4 Den Teig auf die Arbeitsfläche stürzen und in 4 gleich große Stücke (à ca. 360 g) teilen. Ein Teigstück rundwirken und wenden, sodass die Naht unten liegt. Dann 5–6-mal zu einer schönen Teigkugel schleifen. Auf die gleiche Weise 3 weitere Teigkugeln formen. **5** Die Teiglinge in die Box geben und **6 Stunden** (oder 5–6 Stunden) bei **Raumtemperatur** reifen lassen. Sie sind dann perfekt gereift und fertig zum Weiterverarbeiten (siehe Hinweis rechts „Version auf Foto“).

ⓘ Eine ausführliche Beschreibung der Arbeitsschritte für die Stockgare und Stückgare findest du auf S. 22–27.

Versionen auf Foto: Pinsa-romana-Teig + Belag à la Margherita + Belag à la prosciutto di Parma + Belag à la carbonara + Belag mit Gorgonzola **1** Den Backofen auf mindestens 250 °C (Ober-/Unterhitze) vorheizen. Falls vorhanden, auf der mittleren Schiene einen Pizzastahl oder -stein (alternativ ein umgedrehtes Backblech) mit in den Ofen geben. **2** Für den Belag 230 g Fior-di-latte-Mozzarella (Alternative siehe S. 32) in 8 × 8 × 40 mm große Stifte schneiden. 30 g Guanciale-Scheiben (Speck) in einer Pfanne braten. **3** Zwei Teiglinge wie auf S. 30 beschrieben nacheinander mit den Fingerkuppen nicht rund, sondern länglich-oval (25–30 cm lang) und ohne Rand formen. In den vorgeheizten Ofen geben, **3–4 Minuten vorbacken** und herausnehmen. Inzwischen zwei weitere Teiglinge formen und vorbacken. Den Ofen nicht ausschalten.

Nun die vorgebackenen Pinsa-Teiglinge unterschiedlich belegen:

FÜR DEN BELAG À LA MARGHERITA einen Pinsa-Teigling mit 80 g perfekter Tomatensauce (S. 96) bestreichen, mit 3 Basilikumblättern belegen, mit 5 g frisch geriebenem Parmesan bestreuen, 60 g Mozzarellastifte darauf verteilen und mit etwas Olivenöl beträufeln.

FÜR DEN BELAG À LA PROSCIUTTO DI PARMA einen Pinsa-Teigling zunächst mit 80 g perfekter Tomatensauce (S. 96) bestreichen, mit 3 Basilikumblättern belegen und 60 g Mozzarellastifte darauf verteilen.

FÜR DEN BELAG À LA CARBONARA einen Pinsa-Teigling mit 80 g weißer Ricottacreme (S. 99) bestreichen, 60 g Mozzarellastifte darauf verteilen und mit den gebratenen Guanciale-Scheiben belegen. Dann vorsichtig 1 Eigelb in die Mitte setzen.

FÜR DEN BELAG MIT GORGONZOLA einen Pinsa-Teigling mit 80 g perfekter Tomatensauce (S. 96) bestreichen, 50 g Mozzarellastifte darauf verteilen, 30 g Gorgonzola in kleinen Stückchen darübergeben und das Ganze mit 8 dünnen Apfelscheiben belegen.

4 Die belegten Pinsas zu zweit in den Ofen geben und noch **4 Minuten** fertig backen. **5** Nach dem Backen auf die Pinsa mit dem Belag à la prosciutto di Parma (Parmaschinken) noch 1 Handvoll Rucola geben, mit 4 gefalteten Scheiben Prosciutto di Parma belegen, mit frisch gehobeltem Parmesan toppen und etwas Olivenöl darüberträufeln. Und auf die Pinsa mit dem Gorgonzolabelag nach Belieben noch gehackte Walnüsse streuen.

TIPP Alternativ den Pizzaofen auf 380–400 °C Steintemperatur vorheizen, die Teiglinge belegen und einzeln (oder zu zweit, wenn der Ofen groß genug ist) 4 Minuten auf kleiner Flamme backen.

Saucen

DIE LECKERSTEN DER WELT

DIE PERFEKTE TOMATENSAUCE

Die nach dem Ort Marzano sul Sarno in Kampanien benannten San-Marzano-Tomaten werden von Hand geerntet. Sie sind länglich, kernarm und haben ein festes, sehr aromatisches, süßliches Fruchtfleisch.

ZUBEREITUNGSZEIT
5 Minuten

ERGIBT 5 PORTIONEN (À CA. 80 G)
400 g San Marzano Tomaten aus der Dose (alternativ hochwertige Pelati aus der Dose)
5 g hochwertiges Olivenöl
5 g feines Meersalz
1 Handvoll Basilikumblätter

Dosentomaten samt Saft, Olivenöl, Salz und Basilikum in eine Schüssel geben. Die Tomaten mit den Händen zerquetschen, bis eine sämige Sauce entsteht. Fertig! Keinen Stabmixer verwenden, denn der zerstört die Tomatenkerne und setzt Bitterstoffe frei. Außerdem wird die Farbe nicht so schön leuchtend rot. Die Sauce ist im Kühlschrank 2–3 Tage haltbar.

TIPP Sollte die Tomatensauce zu wässrig sein, zwei Lagen Küchenpapier auf die Oberfläche legen. Es saugt überschüssigen Saft auf.

TOMATENSAUCE FÜR AMERIKANISCHE PIZZAKLASSIKER

Diese köstliche Sauce eignet sich perfekt für amerikanische Klassiker (S. 72, 74, 84 und 85).

ZUBEREITUNGSZEIT
10 Minuten plus
15–20 Minuten Garzeit

ERGIBT 5 PORTIONEN (À CA. 80 G)
1 Zwiebel
2 Knoblauchzehen
30 g Olivenöl
400 g ganze geschälte Tomaten aus der Dose
7 g getrockneter Oregano
7 g Zucker
4–5 Blätter Basilikum
1 Prise rote Chiliflocken (nach Belieben)
Salz
schwarzer Pfeffer aus der Mühle

1 Zwiebel und Knoblauch schälen und fein hacken. Olivenöl in einem großen Topf auf mittlerer Stufe erhitzen und die Zwiebel darin glasig dünsten. Den Knoblauch hinzufügen und **ca. 1 Minute** mitbraten, bis er duftet. **2** Die Dosentomaten samt Saft in den Topf geben und nach Belieben mit einem Kartoffelstampfer zerdrücken. Oregano, Zucker, Basilikum und Chiliflocken einrühren und die Sauce mit Salz und Pfeffer würzen. **3** Aufkochen, die Hitze reduzieren und die Sauce **15–20 Minuten** leicht köcheln und eindicken lassen, dabei gelegentlich umrühren. Mit Salz und Pfeffer abschmecken. Die Sauce ist im Kühlschrank 4–5 Tage haltbar.

TIPP Beim Kauf von Dosentomaten darauf achten, dass keine Zitronensäure enthalten ist, denn diese Tomaten werden mit Lauge behandelt und mit Zitronensäure abgespritzt. Man erreicht damit niemals die fruchtige Süße, die man auf einer guten Pizza haben möchte.

Basilikumpesto
Tomatensauce
für amerikanische
Pizzaklassiker
Rotes Pesto
Weiße Ricottacreme
Die perfekte Tomatensauce

ROTES PESTO

Die getrockneten Tomaten geben dem Pesto einen wunderbar würzig-kräftigen Geschmack. Es eignet sich als Basissauce (S. 125, 142 und 145) oder als Topping (S. 130).

ZUBEREITUNGSZEIT
15–20 Minuten
plus Abkühlzeit

ERGIBT CA. 400 G
50 g geschälte (blanchierte) Mandelkerne
50 g Parmesan
3 Knoblauchzehen
200 g getrocknete Tomaten in Öl, abgetropft
7 g getrockneter Oregano
10 g Chiliflocken (oder nach Geschmack)
100 g hochwertiges Olivenöl
Salz
schwarzer Pfeffer aus der Mühle

1 Die Mandeln in einer Pfanne ohne Fett rösten. Vom Herd nehmen und abkühlen lassen. **2** Den Parmesan fein reiben. Den Knoblauch schälen und mit dem Parmesan in einen Food Processor oder Mixer geben. Getrocknete Tomaten, Mandeln, Oregano und Chiliflocken dazugeben und grob zerkleinern. Während das Gerät läuft, langsam das Olivenöl hinzugießen, bis eine cremige Konsistenz erreicht ist. Gelegentlich die Maschine ausschalten und die Spritzer mit einem Spatel von der Behälterwand nach unten schieben. **3** Das Pesto mit Salz und Pfeffer abschmecken und sogleich verwenden oder in ein Schraubglas füllen, verschließen und im Kühlschrank aufbewahren. – Gekühlt hält es sich mit Olivenöl abgedeckt mindestens 2 Wochen.

BASILIKUMPESTO

Dieses Pesto hat einen einzigartigen, aromatischen Charakter und ist vielseitig kombinierbar, ob als Topping (S. 130) oder als Basissauce (S. 125, 142 und 145).

ZUBEREITUNGSZEIT
15–20 Minuten
plus Abkühlzeit

ERGIBT CA. 350 G
50 g Pinienkerne
40 g Basilikumblätter
60 g Parmesan
3 Knoblauchzehen
5 g Salz (nach Geschmack)
1 g schwarzer Pfeffer aus der Mühle
200 g hochwertiges Olivenöl

1 Die Pinienkerne in einer Pfanne ohne Fettzugabe rösten. Vom Herd nehmen und abkühlen lassen. **2** Die Basilikumblätter abspülen und trocken tupfen. Den Parmesan fein reiben und den Knoblauch schälen. **3** Pinienkerne, Basilikum, Parmesan, Knoblauch, Salz und Pfeffer in einen Food Processor oder Mixer geben und grob zerkleinern. Während das Gerät läuft, langsam das Olivenöl hinzugießen, bis eine cremige Konsistenz erreicht ist. Gelegentlich die Maschine ausschalten und die Spritzer mit einem Spatel von der Behälterwand nach unten schieben. **4** Das Pesto mit Salz und Pfeffer abschmecken und sogleich verwenden oder in ein Schraubglas füllen, verschließen und im Kühlschrank aufbewahren. – Gekühlt hält es sich mit Olivenöl abgedeckt mindestens 2 Wochen.

WEISSE RICOTTACREME

Es muss nicht immer rote Tomatensauce sein. Diese weiße Sauce verleiht der Pizza bianca, also der weißen Pizza, eine reiche, cremige Textur und einen einzigartigen Geschmack. In Kombination mit diversen Kräutern, Knoblauch und verschiedenen Käsesorten auf der Pizza ist das etwas ganz Besonderes. Die Ricottacreme wird für verschiedene Varianten von Pizza bianca verwendet (S. 122), aber auch für eine Pinsa mit Belag à la Carbonara (S. 93), und sie passt auch sehr gut für Pizzette (S. 145).

ZUBEREITUNGSZEIT
5–8 Minuten

ERGIBT 3 PORTIONEN (À CA. 110 G)
250 g Ricotta
30 g Parmesan
1 Knoblauchzehe (nach Belieben)
½ TL abgeriebene Biozitronenschale
30 g Olivenöl
15 g Wasser
Salz
schwarzer Pfeffer aus der Mühle

Den Ricotta in eine Schüssel geben und den Parmesan darüberreiben. Falls Knoblauch verwendet wird, die Zehe schälen und durch die Knoblauchpresse in die Schüssel drücken. Dann Biozitronenschale, Olivenöl und Wasser hinzugeben, mit Salz und Pfeffer würzen und alles vermischen. Sollte die Konsistenz zu fest sein, noch etwas Wasser einrühren, bis die Ricottacreme geschmeidig und weich ist. – Die Sauce ist im Kühlschrank 1–2 Tage haltbar.

TIPP Du kannst die Ricottacreme vielseitig einsetzen und zum Beispiel Pizzaklassiker damit pimpen. Einfach nach dem Backen einige kleine Kleckse Ricottacreme auf der Pizza verteilen und genießen. Der Kontrast zwischen heißer Pizza und kalter Creme ist einfach super! Mit der Ricottacreme lässt sich auch schnell ein köstliches Pastagericht zubereiten. Dazu die Pasta al dente kochen, die gewünschte Menge Ricottacreme mit etwas Nudelkochwasser in einer Pfanne erhitzen, die abgetropfte Pasta dazugeben und kurz durchschwenken, bis ein tolles cremiges Gericht entsteht. Fertig!

Pizzarezepte

KLASSIKER UND INSPIRATIONEN

PIZZA MARGHERITA

Version auf Foto: Pizza napoletana
48-Stunden-Pizzateig, perfekte Tomatensauce

Die Pizza Margherita napoletana zählt zu den beliebtesten Pizzen weltweit. Sie ist etwas für Puristen und alle, die es einfach mögen. Man teilt sie klassischerweise mit der Schere. Perfekt ist, wenn sie leicht, luftig und mit hohem Rand ist, man die Stücke zusammenklappen kann und die vordere Spitze sich noch ein wenig herunterneigt.

ZUBEREITUNGSZEITEN
Teiglinge: 30–35 Minuten
plus 48 Stunden Ruhezeit
Sauce: 5 Minuten
Pizza formen, belegen:
10–15 Minuten

BACKZEITEN
im Pizzaofen: 90–120 Sekunden
(im Backofen:
2 Minuten vorbacken und
3–4 Minuten fertig backen)

FÜR 1 PIZZA (30–33 CM Ø)
5 g Parmesan
80 g Fior-di-latte-Mozzarella
(Alternative siehe S. 32)
1 Pizzateigling (ca. 280 g,
S. 52–53, Teigsorte auch
wählbar aus S. 52–78)
80 g Tomatensauce (S. 96)
2–3 Basilikumblätter plus etwas
mehr zum Garnieren
5 g hochwertiges Olivenöl

AUSSERDEM
reichlich Semola rimacinata (Hartweizenmehl) zum Teigformen
(ersatzweise Weizenmehl)
Pizzaschieber und evtl.
Turning Peel

BACKOFENHINWEIS
Für das Backen im Backofen siehe Seite 36–37.

1 Für die erste Pizza den Pizzaofen **20–60 Minuten** vorheizen, bis dieser eine Steintemperatur von **410–430 °C** erreicht hat. (Oder den Backofen wie auf S. 36–37 angegeben vorheizen und backen.) **2** Den Parmesan fein reiben. Den Mozzarella in 8 × 8 × 40 mm große Stifte schneiden. **3** Ein Semolabett auf die Arbeitsfläche häufen und den Teigling wie auf S. 30–31 beschrieben zu einem Pizzaboden mit Rand formen. **4** Die Tomatensauce auf dem Teigboden verteilen. Mit Basilikum belegen und dünn mit Parmesan bestreuen. Den Mozzarella gleichmäßig darüber verteilen und mit Olivenöl beträufeln. **5** Den belegten Pizzaboden wie auf S. 32 angegeben auf den mit Semola bestäubten Pizzaschieber ziehen, nachformen, dann in den vorgeheizten Pizzaofen einschießen und backen. **6** Die fertige Pizza aus dem Ofen nehmen, mit Basilikum garnieren und auf traditionell italienische Art mit einer Schere in Stücke schneiden.

TIPP Gerade bei der Magherita ist die Qualität der Zutaten besonders wichtig, also nur beste Tomaten und am besten Fior-di-latte-Mozzarella verwenden!

PIZZA MARINARA

Version auf Foto: Pizza napoletana
48-Stunden-Pizzateig, perfekte Tomatensauce

Eine Pizza marinara wird mit einfachen, aber hochwertigen Zutaten zubereitet. Sie ähnelt der klassischen Pizza Margherita, wird aber ohne Mozzarella gebacken. Ihr Charme liegt in der Betonung unverfälschter einfacher Aromen.

1 Für die erste Pizza den Pizzaofen **20–60 Minuten** vorheizen, bis dieser eine Steintemperatur von **410–430 °C** erreicht hat. (Oder den Backofen wie auf S. 36–37 angegeben vorheizen und backen.) **2** Ein Semolabett auf die Arbeitsfläche häufen und den Teigling wie auf S. 30–31 beschrieben zu einem Pizzaboden mit Rand formen. **3** Die Tomatensauce auf dem Teigboden verteilen. Mit Basilikum belegen und mit Oregano bestreuen. Den Knoblauch schälen, in hauchdünne Scheiben schneiden und darüber verteilen. Mit Olivenöl beträufeln. **4** Den belegten Pizzaboden wie auf S. 32 angegeben auf den mit Semola bestäubten Pizzaschieber ziehen, nachformen, dann in den vorgeheizten Pizzaofen einschießen und backen. **5** Die fertige Pizza aus dem Ofen nehmen und auf traditionell italienische Art mit einer Schere in Stücke schneiden.

ZUBEREITUNGSZEITEN
Teiglinge: 30–35 Minuten
plus 48 Stunden Ruhezeit
Sauce: 5 Minuten
Pizza formen, belegen:
10 Minuten

BACKZEITEN
im Pizzaofen: 90–120 Sekunden
(im Backofen:
2 Minuten vorbacken und
3–4 Minuten fertig backen)

FÜR 1 PIZZA (30–33 CM Ø)
1 Pizzateigling (ca. 280 g, S. 52–53, Teigsorte auch wählbar aus S. 52–78)
80 g Tomatensauce (S. 96)
2–3 Basilikumblätter
1 Prise getrockneter Oregano
1 kleine Knoblauchzehe
5 g hochwertiges Olivenöl

AUSSERDEM
reichlich Semola rimacinata (Hartweizenmehl) zum Teigformen (ersatzweise Weizenmehl)
Pizzaschieber und evtl. Turning Peel

BACKOFENHINWEIS
Für das Backen im Backofen siehe Seite 36–37.

PIZZA SALAMI

Version auf Foto: Pizza napoletana
48-Stunden-Pizzateig, perfekte Tomatensauce

Eine qualitativ gute Salami gibt dieser Pizza eine köstliche Würze, zumal beim Backen auch noch leckere Röstaromen freigesetzt werden. Gute Laune ist vorprogrammiert!

ZUBEREITUNGSZEITEN
Teiglinge: 30–35 Minuten
plus 48 Stunden Ruhezeit
Sauce: 5 Minuten
Pizza formen, belegen:
10–15 Minuten

BACKZEITEN
im Pizzaofen: 90–120 Sekunden
(im Backofen:
2 Minuten vorbacken und
3–4 Minuten fertig backen)

FÜR 1 PIZZA (30–33 CM Ø)
5 g Parmesan
80 g Fior-di-latte-Mozzarella
(Alternative siehe S. 32)
1 Pizzateigling (ca. 280 g,
S. 52–53, Teigsorte auch
wählbar aus S. 52–78)
80 g Tomatensauce (S. 96)
2–3 Basilikumblätter
7–11 Scheiben Salami
AUSSERDEM
reichlich Semola rimacinata (Hartweizenmehl) zum Teigformen
(ersatzweise Weizenmehl)
Pizzaschieber und evtl.
Turning Peel

BACKOFENHINWEIS
Für das Backen im Backofen
siehe Seite 36–37.

1 Für die erste Pizza den Pizzaofen **20–60 Minuten** vorheizen, bis dieser eine Steintemperatur von **410–430 °C** erreicht hat. (Oder den Backofen wie auf S. 36–37 angegeben vorheizen und backen.) **2** Den Parmesan fein reiben. Den Mozzarella in 8×8×40 mm große Stifte schneiden. **3** Ein Semolabett auf die Arbeitsfläche häufen und den Teigling wie auf S. 30–31 beschrieben zu einem Pizzaboden mit Rand formen. **4** Die Tomatensauce auf dem Teigboden verteilen. Mit Basilikum belegen und dünn mit Parmesan bestreuen. Zuerst den Mozzarella, dann die Salami gleichmäßig darüber verteilen. **5** Den belegten Pizzaboden wie auf S. 32 angegeben auf den mit Semola bestäubten Pizzaschieber ziehen, nachformen, dann in den vorgeheizten Pizzaofen einschießen und backen. **6** Die fertige Pizza aus dem Ofen nehmen und auf traditionell italienische Art mit einer Schere in Stücke schneiden.

TIPP Wichtig: Die Salami liegt über dem Mozzarella und kann so beim Backen Röstaromen entwickeln. Probiere verschiedene Salamisorten, z. B. Peperoni- oder Pfeffersalami, oder greife zu verschiedenen italienischen Salamisorten wie Finocchiona (Fenchelsalami).

PIZZA TEICHNERS BESTE

Version auf Foto: Pizza napoletana
100%-Biga-Pizzateig, perfekte Tomatensauce

Bis heute ist diese Pizza mein absoluter Favorit: Die Kombination von würziger Peperoni-Salami mit süßlichen roten Zwiebelringen macht diese Pizza zu einem besonderen Gaumenschmaus.

1 Für die erste Pizza den Pizzaofen **20–60 Minuten** vorheizen, bis dieser eine Steintemperatur von **410–430 °C** erreicht hat. (Oder den Backofen wie auf S. 36–37 angegeben vorheizen und backen.) **2** Den Parmesan fein reiben. Den Mozzarella in 8 × 8 × 40 mm große Stifte schneiden. Die Zwiebel schälen und in sehr feine Ringe schneiden. **3** Ein Semolabett auf die Arbeitsfläche häufen und den Teigling wie auf S. 30–31 beschrieben zu einem Pizzaboden mit Rand formen. **4** Die Tomatensauce auf dem Teigboden verteilen. Mit Basilikum belegen, dünn mit Parmesan bestreuen und den Mozzarella gleichmäßig darüber verteilen. Mit Salami und Zwiebelringen belegen. **5** Den belegten Pizzaboden wie auf S. 32 angegeben auf den mit Semola bestäubten Pizzaschieber ziehen, nachformen, dann in den vorgeheizten Pizzaofen einschießen und backen. **6** Die fertige Pizza aus dem Ofen nehmen und auf traditionell italienische Art mit einer Schere in Stücke schneiden.

TIPP Ich kaufe meine Peperoni-Salami immer im Großmarkt. Falls du sie nicht in deinem Supermarkt findest und kein italienischer Supermarkt in deiner Stadt ist, nimm alternativ italienische Salsiccia piccante.

ZUBEREITUNGSZEITEN
Teiglinge: 45 Minuten plus
ca. 50 Stunden Ruhezeit
Sauce: 5 Minuten
Pizza formen, belegen:
15 Minuten

BACKZEITEN
im Pizzaofen: 90–120 Sekunden
(im Backofen:
2 Minuten vorbacken und
3–4 Minuten fertig backen)

FÜR 1 PIZZA (30–33 CM Ø)
5 g Parmesan
80 g Fior-di-latte-Mozzarella
(Alternative siehe S. 32)
1 kleine rote Zwiebel
1 Pizzateigling (ca. 280 g, S. 58,
Teigsorte auch wählbar aus
S. 52–78)
80 g Tomatensauce (S. 96)
2–3 Basilikumblätter
8–11 Scheiben Peperoni-Salami

AUSSERDEM
reichlich Semola rimacinata (Hartweizenmehl) zum Teigformen
(ersatzweise Weizenmehl)
Pizzaschieber und evtl.
Turning Peel

BACKOFENHINWEIS
Für das Backen im Backofen
siehe Seite 36–37.

PIZZA PROSCIUTTO E FUNGHI

Version auf Foto: Pizza napoletana
48-Stunden-Pizzateig, perfekte Tomatensauce

Prosciutto cotto wird klassisch in sehr dünne Scheiben geschnitten, was zusammen mit seinem mild-würzigen Geschmack ein sehr schönes Mundgefühl erzeugt. Leider wird er nur zu oft als ganze Scheibe lieblos auf eine Pizza gelegt. Stattdessen solltest du ihn zerzupfen und die Stücke schön auf der Pizza anrichten. Geschmacklich harmoniert der Kochschinken super mit der erdigen Note der Champignons.

ZUBEREITUNGSZEITEN
Teiglinge: 30–35 Minuten
plus 48 Stunden Ruhezeit
Sauce: 5 Minuten
Pizza formen, belegen:
15 Minuten

BACKZEITEN
im Pizzaofen: 90–120 Sekunden
(im Backofen:
2 Minuten vorbacken und
3–4 Minuten fertig backen)

FÜR 1 PIZZA (30–33 CM Ø)
5 g Parmesan
80 g Fior-di-latte-Mozzarella
(Alternative siehe S. 32)
2 kleinere Champignons
ca. 2 Scheiben Prosciutto cotto
(Kochschinken)
1 Pizzateigling (ca. 280 g,
S. 52–53, Teigsorte auch wählbar
aus S. 52–78)
80 g Tomatensauce (S. 96)
2–3 Basilikumblätter

AUSSERDEM
reichlich Semola rimacinata (Hartweizenmehl) zum Teigformen
(ersatzweise Weizenmehl)
Pizzaschieber und evtl.
Turning Peel

BACKOFENHINWEIS
Für das Backen im Backofen
siehe Seite 36–37.

1 Für die erste Pizza den Pizzaofen **20–60 Minuten** vorheizen, bis dieser eine Steintemperatur von **410–430 °C** erreicht hat. (Oder den Backofen wie auf S. 36–37 angegeben vorheizen und backen.) **2** Den Parmesan fein reiben. Den Mozzarella in 8 × 8 × 40 mm große Stifte schneiden. Die Champignons säubern und in dünne Scheiben schneiden. Den Kochschinken grob zerzupfen. **3** Ein Semolabett auf die Arbeitsfläche häufen und den Teigling wie auf S. 30–31 beschrieben zu einem Pizzaboden mit Rand formen. **4** Die Tomatensauce auf dem Teigboden verteilen. Mit Basilikum belegen und dünn mit Parmesan bestreuen. Dann Mozzarella, Champignonscheiben und Kochschinken gleichmäßig darüber verteilen. **5** Den belegten Pizzaboden wie auf S. 32 angegeben auf den mit Semola bestäubten Pizzaschieber ziehen, nachformen, dann in den vorgeheizten Pizzaofen einschießen und backen. **6** Die fertige Pizza aus dem Ofen nehmen und auf traditionell italienische Art mit einer Schere in Stücke schneiden.

PIZZA SPECIALE

Version auf Foto: Pizza napoletana
24-Stunden-Pizzateig, perfekte Tomatensauce

Dieser beliebte Klassiker ist perfekt für all diejenigen, die gern verschiedene Geschmacksrichtungen kombinieren. Hier kann man eine Vielfalt an Aromen auf einer Pizza genießen.

1 Für die erste Pizza den Pizzaofen **20–60 Minuten** vorheizen, bis dieser eine Steintemperatur von **410–430 °C** erreicht hat. (Oder den Backofen wie auf S. 36–37 angegeben vorheizen und backen.) **2** Den Parmesan fein reiben. Den Mozzarella in 8 × 8 × 40 mm große Stifte schneiden. Den Kochschinken, falls verwendet, grob zerzupfen. Die Zwiebel schälen und in sehr feine Ringe schneiden. Die Peperoni abtropfen lassen. **3** Ein Semolabett auf die Arbeitsfläche häufen und den Teigling wie auf S. 30–31 beschrieben zu einem Pizzaboden mit Rand formen. **4** Die Tomatensauce darauf verteilen. Mit Basilikum belegen und dünn mit Parmesan bestreuen. Dann Mozzarella, Kochschinken und Salami gleichmäßig darüber verteilen, Zwiebelringe und Peperoni zum Schluss. **5** Den belegten Pizzaboden wie auf S. 32 angegeben auf den mit Semola bestäubten Pizzaschieber ziehen, nachformen, dann in den vorgeheizten Pizzaofen einschießen und backen. **6** Die fertige Pizza aus dem Ofen nehmen und auf traditionell italienische Art mit einer Schere in Stücke schneiden.

ZUBEREITUNGSZEITEN
Teiglinge: 30–35 Minuten plus ca. 24 Stunden Ruhezeit
Sauce: 5 Minuten
Pizza formen, belegen: 15 Minuten

BACKZEITEN
im Pizzaofen: 90–120 Sekunden (im Backofen: 2 Minuten vorbacken und 3–4 Minuten fertig backen)

FÜR 1 PIZZA (30–33 CM Ø)
5 g Parmesan
80 g Fior-di-latte-Mozzarella (Alternative siehe S. 32)
1–2 Scheiben Prosciutto cotto (Kochschinken, nach Belieben)
1 kleine Zwiebel
5 eingelegte Peperoni aus dem Glas (Schärfegrad nach Wahl)
1 Pizzateigling (ca. 280 g, S. 78, Teigsorte auch wählbar aus S. 52–78)
80 g Tomatensauce (S. 96)
2–3 Basilikumblätter
6 Scheiben Salami

AUSSERDEM
reichlich Semola rimacinata (Hartweizenmehl) zum Teigformen (ersatzweise Weizenmehl)
Pizzaschieber und evtl. Turning Peel

BACKOFENHINWEIS
Für das Backen im Backofen siehe Seite 36–37.

PIZZA PROSCIUTTO DI PARMA

Version auf Foto: Pizza napoletana
48-Stunden-Pizzateig, perfekte Tomatensauce

Prociutto di Parma wird, wie der Name verrät, im italienischen Parma traditionell hergestellt. Der Herkunftsname ist geschützt, und die Regeln, nach denen dieser luftgetrocknete Rohschinken reift, sind streng. Das Ergebnis ist eine Köstlichkeit mit einem tollen intensiven Aroma, das man unverfälscht genießen sollte: Der Schinken kommt bei diesem Klassiker erst nach dem Backen auf die Pizza.

ZUBEREITUNGSZEITEN
Teiglinge: 30–35 Minuten
plus 48 Stunden Ruhezeit
Sauce: 5 Minuten
Pizza formen, belegen:
15 Minuten

BACKZEITEN
im Pizzaofen: 90–120 Sekunden
(im Backofen:
2 Minuten vorbacken und
3–4 Minuten fertig backen)

FÜR 1 PIZZA (30–33 CM Ø)
10 g Parmesan
80 g Fior-di-latte-Mozzarella
(Alternative siehe S. 32)
1 Handvoll Rucola
1 Pizzateigling (ca. 280 g,
S. 52–53, Teigsorte auch wählbar
aus S. 52–78)
80 g Tomatensauce (S. 96)
2–3 Basilikumblätter
5 Scheiben Prosciutto di Parma
(Parmaschinken)
5 g hochwertiges Olivenöl

AUSSERDEM
reichlich Semola rimacinata (Hartweizenmehl) zum Teigformen
(ersatzweise Weizenmehl)
Pizzaschieber und evtl.
Turning Peel

BACKOFENHINWEIS
Für das Backen im Backofen
siehe Seite 36–37.

1 Für die erste Pizza den Pizzaofen **20–60 Minuten** vorheizen, bis dieser eine Steintemperatur von **410–430 °C** erreicht hat. (Oder den Backofen wie auf S. 36–37 angegeben vorheizen und backen.) **2** Die Hälfte des Parmesans fein reiben, die andere Hälfte hobeln. Den Mozzarella in 8 × 8 × 40 mm große Stifte schneiden. Den Rucola waschen und trocken schleudern. **3** Ein Semolabett auf die Arbeitsfläche häufen und den Teigling wie auf S. 30–31 beschrieben zu einem Pizzaboden mit Rand formen. **4** Die Tomatensauce auf dem Teigboden verteilen. Mit Basilikum belegen, mit geriebenem Parmesan bestreuen und den Mozzarella gleichmäßig darüber verteilen. **5** Den belegten Pizzaboden wie auf S. 32 angegeben auf den mit Semola bestäubten Pizzaschieber ziehen, nachformen, dann in den vorgeheizten Pizzaofen einschießen und backen. **6** Die fertige Pizza aus dem Ofen nehmen, mit Rucola belegen und die lose gefaltenen oder zu Rosetten gedrehten Schinkenscheiben dekorativ daraufsetzen. Mit dem gehobelten Parmesan bestreuen und mit Olivenöl beträufeln. Dann auf traditionell italienische Art mit einer Schere in Stücke schneiden.

PIZZA SALSICCIA E FRIARIELLI

Version auf Foto: Pizza napoletana
24-Stunden-Pizzateig

Der italienische Stängelkohl wird in Süditalien, vor allem Kampanien, Friarielli genannt, im Rest von Italien Cime di rapa. Er erinnert geschmacklich ein wenig an Brokkoli, und die Kombination mit Salsiccia ist ein süditalienischer Klassiker.

1 Für die erste Pizza den Pizzaofen **20–60 Minuten** vorheizen, bis dieser eine Steintemperatur von **410–430 °C** erreicht hat. (Oder den Backofen wie auf S. 36–37 angegeben vorheizen und backen.) **2** Die Salsiccia aus dem Darm drücken, in Stücke zerteilen, in eine Pfanne geben und kurz anbraten. Dann auf Küchenpapier abtropfen lassen. **3** Inzwischen den Mozzarella in 8 × 8 × 40 mm große Stifte schneiden. Den Parmesan fein reiben. Den Friarielli etwas ausdrücken. **4** Ein Semolabett auf die Arbeitsfläche häufen und den Teigling wie auf S. 30–31 beschrieben zu einem Pizzaboden mit Rand formen. **5** Den Mozzarella gleichmäßig auf dem Teigboden verteilen. Mit Basilikum belegen und mit Parmesan bestreuen. Dann Salsiccia und Friarielli darüber verteilen und mit Olivenöl beträufeln. **6** Den belegten Pizzaboden wie auf S. 32 angegeben auf den mit Semola bestäubten Pizzaschieber ziehen, nachformen, dann in den vorgeheizten Pizzaofen einschießen und backen. **7** Die fertige Pizza aus dem Ofen nehmen und auf traditionell italienische Art mit einer Schere in Stücke schneiden.

TIPP Du kannst auch frischen Friarielli (Cime di rapa bzw. Stängelkohl) verwenden. Falls du ihn bekommst, solltest diesen aber vor dem Belegen 2 Minuten blanchieren, abgießen und ausdrücken.

ZUBEREITUNGSZEITEN
Teiglinge: 30–35 Minuten plus ca. 24 Stunden Ruhezeit
Pizza formen, belegen: 15–20 Minuten

BACKZEITEN
im Pizzaofen: 90–120 Sekunden
(im Backofen: 2 Minuten vorbacken und 3–4 Minuten fertig backen)

FÜR 1 PIZZA (30–33 CM Ø)
70 g frische Salsiccia (grobe italienische Bratwurst)
80 g Fior-di-latte-Mozzarella (Alternative siehe S. 32)
5 g Parmesan
30 g Friarielli Natur aus der Dose, abgetropft
1 Pizzateigling (ca. 280 g, S. 78, Teigsorte auch wählbar aus S. 52–78)
2–3 Basilikumblätter
5 g hochwertiges Olivenöl

AUSSERDEM
reichlich Semola rimacinata (Hartweizenmehl) zum Teigformen (ersatzweise Weizenmehl)
Pizzaschieber und evtl. Turning Peel

BACKOFENHINWEIS
Für das Backen im Backofen siehe Seite 36–37.

PIZZA MORTADELLA, PISTACCHIO E BURRATA

Version auf Foto: Pizza napoletana
24-Stunden-Pizzateig, perfekte Tomatensauce

Heiß trifft auf kalt. Das ist eine meiner Lieblingskreationen, die nicht nur optisch, sondern auch geschmacklich etwas ganz Besonderes ist.

ZUBEREITUNGSZEITEN
Teiglinge: 30–35 Minuten
plus ca. 24 Stunden Ruhezeit
Sauce: 5 Minuten
Pizza formen, belegen:
10–15 Minuten

BACKZEITEN
im Pizzaofen: 90–120 Sekunden
(im Backofen: 2 Minuten vorbacken
und 3–4 Minuten fertig backen)

FÜR 1 PIZZA (30–33 CM Ø)
1 kleine Knoblauchzehe
1 Pizzateigling (ca. 280 g, S. 78, Teigsorte auch wählbar aus S. 52–78)
80 g Tomatensauce (S. 96)
10 g hochwertiges Olivenöl
4–5 Scheiben Mortadella
(italienische Brühwurstspezialität)
1 Kugel Burrata, abgetropft
Salz
schwarzer Pfeffer aus der Mühle
10 g gehackte Pistazien
1–2 Basilikumblätter

AUSSERDEM
reichlich Semola rimacinata
(Hartweizenmehl) zum Teigformen
(ersatzweise Weizenmehl)
Pizzaschieber und evtl. Turning Peel

BACKOFENHINWEIS
Für das Backen im Backofen siehe Seite 36–37.

1 Für die erste Pizza den Pizzaofen **20–60 Minuten** vorheizen, bis dieser eine Steintemperatur von **410–430 °C** erreicht hat. (Oder den Backofen wie auf S. 36–37 angegeben vorheizen und backen.) **2** Den Knoblauch schälen und in dünne Scheiben schneiden. **3** Ein Semolabett auf die Arbeitsfläche häufen und den Teigling wie auf S. 30–31 beschrieben zu einem Pizzaboden mit Rand formen. **4** Die Tomatensauce auf dem Teigboden verteilen. Die Knoblauchscheiben gleichmäßig darüberstreuen und mit 5 g Olivenöl beträufeln. **5** Den belegten Pizzaboden wie auf S. 32 angegeben auf den mit Semola bestäubten Pizzaschieber ziehen, nachformen, dann in den vorgeheizten Pizzaofen einschießen und backen. **6** Die fertige Pizza aus dem Ofen nehmen, die Mortadella dekorativ gefaltet darauf anrichten, die cremige Burrata in die Mitte setzen und mit etwas Salz und Pfeffer würzen. Die gehackten Pistazien über die Pizza geben, mit dem restlichen Olivenöl beträufeln und mit Basilikum garnieren. Dann auf traditionell italienische Art mit einer Schere in Stücke schneiden.

TIPP Beim Servieren der Pizza vor den Gästen die Burrata mit einer Schere oder einem scharfen Messer einschneiden und das cremige Innere leicht auf der Pizza verteilen. Deine Gäste werden es lieben!

Pizza bianca
Tartufo

Fichi e prosciutto

Trio di funghi

Pizzarezepte S. 122–123

PIZZA BIANCA

Version auf Foto: Pizza napoletana
48-Stunden-Pizzateig, weiße Ricottacreme

Es gibt viele tolle Kreationen für weiße Pizzen, also Rezepte ohne Tomatensauce. Hier findest du meine Lieblingsvariationen.

ZUBEREITUNGSZEITEN
Teiglinge: 30–35 Minuten
plus 48 Stunden Ruhezeit
Sauce: 5–8 Minuten
Pizza formen, belegen:
10–20 Minuten

BACKZEITEN
im Pizzaofen: 90–120 Sekunden
(im Backofen:
2 Minuten vorbacken und
3–4 Minuten fertig backen)

FÜR 1 PIZZA (30–33 CM Ø)
80 g Fior-di-latte-Mozzarella
(Alternative siehe S. 32)
1 Pizzateigling (ca. 280 g,
S. 52–53, Teigsorte auch
wählbar aus S. 52–78)
110 g weiße Ricottacreme
(siehe S. 99)
Belag nach Wahl (siehe rechts)
AUSSERDEM
reichlich Semola rimacinata (Hartweizenmehl) zum Teigformen
(ersatzweise Weizenmehl)
Pizzaschieber und evtl.
Turning Peel

BACKOFENHINWEIS
Für das Backen im Backofen siehe Seite 36–37.

1 Für die erste Pizza den Pizzaofen **20–60 Minuten** vorheizen, bis dieser eine Steintemperatur von **410–430 °C** erreicht hat. (Oder den Backofen wie auf S. 36–37 angegeben vorheizen und backen.) **2** Den Mozzarella in 8 × 8 × 40 mm große Stifte schneiden. **3** Ein Semolabett auf die Arbeitsfläche häufen und den Teigling wie auf S. 30–31 beschrieben zu einem Pizzaboden mit Rand formen. Dann die Ricottacreme gleichmäßig darauf verstreichen. Nun kann unterschiedlich belegt werden:

FICHI E PROSCIUTTO Die Mozzarellastifte auf der Sauce verteilen.

TRIO DI FUNGHI Mozzarellastifte, je 1–2 in Scheiben geschnittene Mischpilze (z. B. Champignons, Shiitake-Pilze und Pfifferlinge) und einige dünne Scheiben Knoblauch auf der Sauce verteilen und mit 5 g hochwertigem Olivenöl beträufeln.

MORTADELLA E PISTACCHIO Mozzarellastifte und 5 g fein geriebenen Parmesan gleichmäßig auf der Sauce verteilen.

TARTUFO Mozzarellastifte und 5 g gehobelten Parmesan auf der Sauce verteilen.

ASPARAGI Die Mozzarellastifte gleichmäßig über die Sauce streuen und mit 100 g gegartem grünem Spargel belegen.

SALMONE Mozzarellastifte und 5 g fein geriebenen Parmesan gleichmäßig auf der Sauce verteilen.

4 Den belegten Pizzaboden wie auf S. 32 angegeben auf den mit Semola bestäubten Pizzaschieber ziehen, nachformen, dann in den vorgeheizten Pizzaofen einschießen und backen. **5** Aus dem Ofen nehmen und fertig belegen:

FICHI E PROSCIUTTO 1 in dünne Spalten geschnittene frische Feige (alternativ 4 längs halbierte getrocknete Softfeigen), 2–3 dünne Scheiben dekorativ eingedrehten oder gefalteten Prosciutto (luftgetrockneten Schinken) daraufgeben und mit 80 g zerbröckeltem Ziegenkäse (Rolle) bestreuen. Zum Schluss einige Tropfen Honig darübergeben.
TRIO DI FUNGHI Etwas gehackte Petersilie darüberstreuen.
TARTUFO Etwas hauchdünn gehobelten Trüffel und ein wenig gehackte Petersilie darüberstreuen und mit 5 g hochwertigem Olivenöl beträufeln.
MORTADELLA E PISTACCHIO Mit 4–5 dekorativ gefalteten Mortadella-Scheiben (italienische Brühwurstspezialität) toppen, 10 g gehackte Pistazien darüberstreuen und mit 5 g hochwertigem Olivenöl beträufeln.
ASPARAGI Mit 2–3 Scheiben gefaltetem Schwarzwälder Schinken belegen und etwas gehobelten Parmesan darüberstreuen.
SALMONE 4–5 Scheiben geräucherten Lachs dekorativ gefaltet darauf anrichten, mit etwas gehacktem Dill und abgeriebener Biozitronenschale bestreuen und mit 5 g hochwertigem Olivenöl beträufeln.

Dann auf traditionell italienische Art mit einer Schere in Stücke schneiden.

TIPP Diese Pizzen sind frisch und leicht im Geschmack mit teils ungebackenem (kaltem) Belag, sodass sie sich besonders gut für den Genuss an heißen Sommertagen eignen.

PIZZA PESTO E BURRATA BOMBA

Version auf Foto: Pizza napoletana
Pizzateig mit Biga, Basilikumpesto

Ein echter Eyecatcher! Bei dieser Pizza wird als Besonderheit Pesto statt Tomatensauce verwendet, was nicht nur super schmeckt, sondern auch interessant aussieht. Statt Basilikumpesto kannst du auch rotes Pesto (siehe S. 98) nehmen.

1 Für die erste Pizza den Pizzaofen **20–60 Minuten** vorheizen, bis dieser eine Steintemperatur von **410–430 °C** erreicht hat. (Oder den Backofen wie auf S. 36–37 angegeben vorheizen und backen.) **2** Die Pinienkerne in einer kleinen Pfanne ohne Fett rösten und vom Herd nehmen. Inzwischen die Kirschtomaten waschen und halbieren. Den Parmesan hobeln. **3** Ein Semolabett auf die Arbeitsfläche häufen und den Teigling wie auf S. 30–31 beschrieben zu einem Pizzaboden mit Rand formen. **4** Das Basilikumpesto auf dem Teigboden verstreichen und die Tomaten gleichmäßig darüber verteilen. **5** Den belegten Pizzaboden wie auf S. 32 angegeben auf den mit Semola bestäubten Pizzaschieber ziehen, nachformen, dann in den vorgeheizten Pizzaofen einschießen und backen. **6** Die Pizza aus dem Ofen nehmen, die cremige Burrata in die Mitte setzen und mit etwas Salz und Pfeffer würzen. Pinienkerne, Parmesanhobel und Basilikum darüberstreuen und mit dem Olivenöl beträufeln. Dann auf traditionell italienische Art mit einer Schere in Stücke schneiden.

TIPP Achte beim Backen darauf, dass die Pizza nicht zu lange im Ofen ist, damit das Pesto nicht seine schöne grüne Farbe verliert. Bei Tisch die Burrata mit einer Schere oder einem scharfen Messer aufschneiden.

ZUBEREITUNGSZEITEN
Teiglinge: 40–45 Minuten plus 17–21 Stunden, 15 Minuten Ruhezeit
Sauce: 15–20 Minuten plus Abkühlzeit
Pizza formen, belegen: 15 Minuten

BACKZEITEN
im Pizzaofen: 90–120 Sekunden
(im Backofen: 2 Minuten vorbacken und 3–4 Minuten fertig backen)

FÜR 1 PIZZA (30–33 CM Ø)
15 g Pinienkerne
6 Kirschtomaten
25 g Parmesan
1 Pizzateigling (ca. 280 g, S. 68, Teigsorte auch wählbar aus S. 52–78)
100 g Basilikumpesto (S. 98)
1 Kugel Burrata, abgetropft
Salz
schwarzer Pfeffer aus der Mühle
3 Basilikumblätter
5 g hochwertiges Olivenöl

AUSSERDEM
reichlich Semola rimacinata (Hartweizenmehl) zum Teigformen (ersatzweise Weizenmehl)
Pizzaschieber und evtl. Turning Peel

BACKOFENHINWEIS
Für das Backen im Backofen siehe Seite 36–37.

CALZONE NAPOLETANO

Version auf Foto: 24-Stunden-Pizzateig, perfekte Tomatensauce

Eine Symbiose aus wenigen, aber ausgewählten Zutaten. Die Calzone darf natürlich auch ganz nach Belieben gefüllt werden. Dazu unten einige Inspirationen.

ZUBEREITUNGSZEITEN
Teiglinge: 30–35 Minuten plus ca. 24 Stunden Ruhezeit
Sauce: 5 Minuten
Pizza formen, belegen: 15 Minuten

BACKZEITEN
im Pizzaofen: 4–5 Minuten
(im Backofen: 8–10 Minuten)

FÜR 1 CALZONE
80 g Fior-di-latte-Mozzarella (Alternative siehe S. 32)
60 g Salami-Napoli-Scheiben
5 g Parmesan
1 Pizzateigling (ca. 280 g, S. 78, Teigsorte auch wählbar aus S. 52–78)
80 g Ricotta
3–4 Basilikumblätter
5 g hochwertiges Olivenöl
40 g Tomatensauce (S. 96)
schwarzer Pfeffer aus der Mühle

AUSSERDEM
reichlich Semola rimacinata (Hartweizenmehl) zum Teigformen (ersatzweise Weizenmehl)
Pizzaschieber und evtl. Turning Peel

BACKOFENHINWEIS
Für das Backen im Backofen siehe Seite 36–37.

1 Für die erste Calzone den Pizzaofen **20–60 Minuten** vorheizen, bis dieser eine Steintemperatur von **350–380 °C** erreicht hat. (Oder im gut vorgeheizten Backofen bei 250 °C (Ober-/Unterhitze) 8–10 Minuten backen.) **2** Den Mozzarella in 8 × 8 × 40 mm große Stifte schneiden. Die Salamischeiben in Streifen schneiden und den Parmesan fein reiben. **3** Ein Semolabett auf die Arbeitsfläche häufen und den Teigling wie auf S. 30–31 beschrieben zu einem Pizzaboden mit Rand formen. **4** Den Teigboden zur Hälfte mit Ricotta bestreichen, dabei einen 1,5 cm breiten Rand frei lassen. Die Ricottaschicht mit 60 g Mozzarella, Salamistreifen und 2–3 Basilikumblättern belegen, den Parmesan darüberstreuen und mit dem Olivenöl beträufeln. **5** Die freie Teighälfte über die belegte falten und den Rand gut andrücken. Mit den Fingern ein kleines Loch in der Mitte der Teigoberfläche zupfen, damit beim Backen Dampf entweichen kann, sodass die Teighülle sich nicht aufbläht und im Ofen verbrennt. **6** Die Oberfläche mit der Tomatensauce bestreichen, mit restlichem Mozzarella belegen und mit etwas Pfeffer bestreuen. Die restlichen Basilikumblätter darauf verteilen. **7** Die Teigtasche wie auf S. 32 angegeben auf den mit Semola bestäubten Pizzaschieber ziehen, in den vorgeheizten Ofen einschießen und bei kleinster Flamme **4–5 Minuten** backen.

INSPIRATIONEN ZUM FÜLLEN

FÜLLUNG À LA PROVOLA E PEPE In 8 mm dicke Stifte geschnittener geräucherter Provolone (Provola), fein geriebener Parmesan, Olivenöl, Basilikum und schwarzer Pfeffer aus der Mühle (plus außen Tomatensauce, etwas Pfeffer, Basilikum und Provolone).

FÜLLUNG À LA MARGHERITA Fein geriebener Parmesan, Mozzarellastifte, Basilikum und hochwertiges Olivenöl zum Beträufeln (plus außen Tomatensauce, etwas Pfeffer, Basilikum und Mozzarella).

FÜLLUNG À LA SPECIALE Fein geriebener Parmesan, Mozzarellastifte, Basilikum, Salamischeiben, zerzupfter Prosciutto cotto (Kochschinken) und eingelegte Peperoni aus dem Glas (plus außen Tomatensauce, etwas Pfeffer, Basilikum und Mozzarella).

PIZZA FRITTA À LA MARGHERITA

Version auf Foto: 48-Stunden-Pizzateig, perfekte Tomatensauce

Heiß & fettig! Pizza fritta ist eine Spezialität aus Neapel, die nicht im Steinofen gebacken, sondern im sprudelnden Ölbad zubereitet wird. Bei der Wahl der Füllung darf man kreativ werden.

1 Das Sonnenblumenöl in einer tiefen, großen Pfanne auf **180 °C** erhitzen. **2** Inzwischen den Mozzarella in 8 × 8 × 40 mm große Stifte schneiden und den Parmesan fein reiben. **3** Ein Semolabett auf die Arbeitsfläche häufen und den Teigling wie auf S. 30–31 beschrieben zu einem Pizzaboden formen, aber ohne Rand. **4** Den Teigboden zur Hälfte mit der Tomatensauce bestreichen, dabei einen 1–2 cm breiten Rand frei lassen. Die Tomatenschicht mit Mozzarella, Parmesan und Basilikum belegen und mit dem Olivenöl beträufeln. Die freie Teighälfte über die belegte falten und den Rand gut andrücken. **5** Den gefüllten Teigling vorsichtig in das heiße Öl geben und **2–3 Minuten** frittieren, dabei mit einer Kelle immer wieder heißes Öl über die Oberseite gießen, damit die Pizza gleichmäßig frittiert wird. Aus dem Öl heben und auf Küchenpapier abtropfen lassen. **6** Die Pizza fritta am besten gleich warm genießen.

TIPP Falls du kein Küchen- oder Zuckerthermometer hast, kannst du die Öltemperatur auch prüfen, indem du den Stiel eines Holzkochlöffels in das heiße Öl tauchst. Wenn sich sogleich kleine Bläschen am Stiel bilden, dann ist das Öl heiß genug.

ZUBEREITUNGSZEITEN
Teiglinge: 30–35 Minuten
plus 48 Stunden Ruhezeit
Sauce: 5 Minuten
Teig formen, belegen: 10–15 Minuten
Frittierzeit: 2–3 Minuten

FÜR 1 PIZZA FRITTA
1–1½ l Sonnenblumenöl zum Frittieren
80 g Fior-di-latte-Mozzarella (Alternative siehe S. 32)
5 g Parmesan
1 Pizzateigling (ca. 280 g, S. 52–53, Teigsorte auch wählbar aus S. 52–78)
80 g Tomatensauce (S. 96)
2–3 Basilikumblätter
5 g hochwertiges Olivenöl

AUSSERDEM
reichlich Semola rimacinata (Hartweizenmehl) zum Teigformen (ersatzweise Weizenmehl)

BACKOFENHINWEIS
Für das Backen im Backofen siehe Seite 36–37.

PIZZA-PANINI

Version auf Foto: 48-Stunden-Pizzateig

Superlecker, einfach zuzubereiten und ideal, um übrig gebliebene Teiglinge zu verbrauchen. Beim Belegen des köstlichen Sandwiches darf man kreativ werden.

ZUBEREITUNGSZEITEN
Teiglinge: 30–35 Minuten
plus 48 Stunden Ruhezeit
Teig formen, belegen: 10 Minuten

BACKZEITEN
im Pizzaofen: ca. 2 Minuten
(im Backofen: ca. 5 Minuten)

FÜR 1 PIZZA-PANINI
1 Pizzateigling (ca. 280 g, S. 52–53, Teigsorte auch wählbar aus S. 52–78)
15 g hochwertiges Olivenöl
100 g Mortadella-Scheiben (italienische Brühwurstspezialität)
1 Kugel Burrata, abgetropft
5 g gehackte Pistazien
5 g Parmesan, frisch gerieben
Salz
schwarzer Pfeffer aus der Mühle
etwas Basilikumpesto oder rotes Pesto (nach Belieben, siehe S. 98)

AUSSERDEM
reichlich Semola rimacinata (Hartweizenmehl) zum Teigformen (ersatzweise Weizenmehl)
Pizzaschieber und evtl. Turning Peel

BACKOFENHINWEIS
Für das Backen im Backofen siehe Seite 36–37.

1 Für die erste Pizza-Panini den Pizzaofen **20–60 Minuten** vorheizen, bis dieser eine Steintemperatur von **380–420 °C** erreicht hat. (Oder später im gut vorgeheizten Backofen bei 250 °C (Ober-/Unterhitze) ca. 5 Minuten backen.) **2** Ein Semolabett auf die Arbeitsfläche häufen und den Teigling wie auf S. 30–31 beschrieben zu einem Pizzaboden mit Rand formen. **3** 10 g Olivenöl auf den Teigboden träufeln, bis zum Rand verteilen und eine Teighälfte überklappen (nicht andrücken). Dann wie auf S. 32 angegeben auf den mit Semola bestäubten Pizzaschieber ziehen und im vorgeheizten Pizzaofen **ca. 2 Minuten** backen. **4** Herausnehmen und den Teig sogleich wieder aufklappen. Nun darf man belegen, wie man möchte. Ich schlage vor: Mortadella-Scheiben einschichten, dann Burrata, Pistazien, Parmesan, restliches Olivenöl sowie Salz und Pfeffer und nach Belieben noch einen Klecks Basilikumpesto oder rotes Pesto daraufgeben. Wieder leicht zusammenklappen und genießen. **5** So lecker kann ein übrig gebliebener Teigling sein!

VEGGIE-VARIANTE Als vegetarische Variante macht sich eine Füllung mit Burrata, etwas Basilikumpesto oder rotem Pesto (S. 98), Rucola und glasierten Rosmarin-Kirschtomaten sehr gut. Dazu vorher die Kirschtomaten kurz in Olivenöl anbraten, mit Rosmarinnadeln bestreuen, mit etwas Honig beträufeln und kurz glasieren.

TIPP Hier kannst du richtig kreativ werden und deine Pizza-Panini mit unzähligen Zutatenkombinationen füllen. Für Partys kann man die Pizza-Panini in Streifen schneiden, mit Holzspießen fixieren und als Appetithäppchen servieren.

PIZZA A PORTAFOGLIO

Version auf Foto: Pizza napoletana
100%-Biga-Pizzateig, perfekte Tomatensauce

Pizza a Portafoglio bedeutet wörtlich „Brieftaschenpizza", da die Pizza gefaltet wird, um sie leichter essen zu können: eine napolitanische Streetfood-Spezialität. Ich weiß noch ganz genau, wie ich mir in Neapel den Gaumen nach dem ersten Bissen verbrannt habe.

1 Für die erste Pizza den Pizzaofen **20–60 Minuten** vorheizen, bis dieser eine Steintemperatur von **410–430 °C** erreicht hat. (Oder den Backofen wie auf S. 36–37 angegeben vorheizen und backen.) **2** Den Parmesan fein reiben. Den Mozzarella in 8 × 8 × 40 mm große Stifte schneiden. **3** Ein Semolabett auf die Arbeitsfläche häufen und den Teigling wie auf S. 30–31 beschrieben zu einem Pizzaboden mit Rand formen. **4** Die Tomatensauce auf dem Teigboden verteilen. Mit Basilikum belegen und mit Parmesan bestreuen. Den Mozzarella gleichmäßig darüber verteilen und mit Olivenöl beträufeln. **5** Den belegten Pizzaboden wie auf S. 32 angegeben auf den mit Semola bestäubten Pizzaschieber ziehen, nachformen, dann in den vorgeheizten Pizzaofen einschießen und backen. **6** Die fertige Pizza aus dem Ofen nehmen, 2-mal falten, in Butterbrotpapier einschlagen, und schon hält man seine eigene „Brieftaschenpizza" in der Hand.

TIPP In Italien backt man auch gern mehrere Pizzen a portafolgio, gibt sie heiß in eine große Frischhaltebox, verschließt diese und lässt den Inhalt einige Minuten ruhen. Durch das Kondenswasser werden die Pizzen weich und bleiben warm.

ZUBEREITUNGSZEITEN
Teiglinge: 45 Minuten plus
ca. 50 Stunden Ruhezeit
Sauce: 5 Minuten
Pizza formen, belegen: 5 Minuten

BACKZEITEN
im Pizzaofen: 90–120 Sekunden
(im Backofen:
2 Minuten vorbacken und
3–4 Minuten fertig backen)

FÜR 1 PIZZA A PORTAFOGLIO
5 g Parmesan
80 g Fior-di-latte-Mozzarella
(Alternative siehe S. 32)
1 Pizzateigling (ca. 280 g, S. 58,
Teigsorte auch wählbar aus
S. 52–78)
80 g Tomatensauce (S. 96)
2–3 Basilikumblätter
5 g hochwertiges Olivenöl
AUSSERDEM
reichlich Semola rimacinata (Hartweizenmehl) zum Teigformen
(ersatzweise Weizenmehl)
Pizzaschieber und evtl.
Turning Peel

BACKOFENHINWEIS
Für das Backen im Backofen
siehe Seite 36–37.

SELBST GEMACHTE TIEFKÜHLPIZZA

Version auf Foto: Pizza napoletana
48-Stunden-Pizzateig, perfekte Tomatensauce

Pizzahunger ade! Mit selbst gemachter Tiefkühlpizza hast du immer eine leckere hochwertige Pizza parat, die später jederzeit im Backofen fertig gebacken werden kann.

ZUBEREITUNGSZEITEN
Teiglinge: 30–35 Minuten plus 48 Stunden Ruhezeit
Sauce: 5 Minuten
Pizza formen, belegen: ca. 15 Minuten
Gefrierzeit: Mind. 24 Stunden

BACKZEITEN
im Pizzaofen: 45 Sekunden vorbacken plus Abkühlzeit (im Backofen: 2 Minuten vorbacken plus Abkühlzeit)

FÜR 1 PIZZA (30–33 CM Ø)
1 Pizzateigling (ca. 280 g, S. 52–53, Teigsorte auch wählbar aus S. 52–78)
110–120 g Tomatensauce (S. 96)
Belag nach Wahl, z. B. in Stifte (8 × 8 × 40 mm) geschnittener Fior-di-latte-Mozzarella, geriebener Parmesan, in Scheiben geschnittene Pilze, Salamischeiben, Schinkenscheiben, gegarter Spargel, Lachsscheiben etc.

AUSSERDEM
reichlich Semola rimacinata (Hartweizenmehl) zum Teigformen (ersatzweise Weizenmehl)
Pizzaschieber und evtl. Turning Peel

VORHEIZEN Für die erste Pizza den Pizzaofen **20–60 Minuten** vorheizen, bis dieser eine Steintemperatur von **410–430 °C** erreicht hat. (Oder den Backofen wie auf S. 36–37 angegeben vorheizen.)

VORBACKEN Ein Semolabett auf die Arbeitsfläche häufen und den Teigling wie auf S. 30-31 beschrieben zu einem Pizzaboden mit Rand formen. Dann 80 g Tomatensauce auf dem Teigboden verteilen.

Den belegten Pizzaboden wie auf S. 32 angegeben auf den mit Semola bestäubten Pizzaschieber ziehen, nachformen, dann in den vorgeheizten Pizzaofen einschießen und **45 Sekunden** vorbacken. (Oder im vorgeheizten Backofen 2 Minuten vorbacken.) Herausnehmen und auf einem Küchengitter auskühlen lassen.

BELEGEN UND GEFRIEREN Die restliche Tomatensauce auf der abgekühlten vorgebackenen Pizza verstreichen und nach Wahl belegen. Die Pizza in einen Gefrierbeutel legen oder vakuumieren. Letzteres verlängert die Haltbarkeit. Achtung: Das Vakuumiergerät rechtzeitig stoppen, da sonst der luftige Rand (der *cornicione*) zerquetscht wird. Die Pizza flach ins Gefrierfach legen und mindestens **24 Stunden** gefrieren.

TIPP Das Küchengitter verhindert, dass sich Kondenswasser am Pizzaboden bildet und diesen aufweicht. Auf die vorgebackene Pizza wird zusätzliche Tomatensauce gestrichen, da sie während des Vorbackens zum Teil verdampft.

BACKOFENHINWEIS Die Tiefkühlpizza später im Backofen fertig backen: Den Backofen mit einem Backofenrost auf der mittleren Schiene auf mindestens 250 °C (Ober-/Unterhitze) vorheizen. Während der Ofen aufheizt, die gefrorene Pizza bei Raumtemperatur antauen lassen. Im vorgeheizten Backofen auf das heiße Backofenrost geben und 6–8 Minuten fertig backen.

Pizzawolken
Rezept S. 138–139

PIZZAWOLKEN

Version auf Foto: perfekte Tomatensauce

Pizzawolke, Pizza-Partybrötchen oder Napoli Cloud – egal, wie man diese Köstlichkeit nennt, jeder wird sie auf der nächsten Party lieben.

ZUBEREITUNGSZEITEN
Teiglinge: 30–35 Minuten plus ca. 12 Stunden, 15 Minuten Ruhezeit
Sauce: 5 Minuten
Belegen: 5–10 Minuten

BACKZEITEN
im Backofen: ca. 27 Minuten

TAG 1
POOLISH
ca. 18:00 Uhr herstellen, 5 Minuten

TAG 2
HAUPTTEIG
ca. 17:00 Uhr vermengen, kneten, 15–20 Minuten
ca. 17:20 Uhr dehnen, falten, schleifen, 5 Minuten
ca. 17:40 Uhr portionieren, schleifen, 10 Minuten
OFEN UND BELAG
ca. 18:35 Uhr vorheizen
ca. 18:50 Uhr backen, 20 Minuten
ca. 19:10 Uhr belegen, 5 Minuten
ca. 19:15 Uhr backen, ca. 7 Minuten

TAG 1 – POOLISH

1 Für den Poolish kaltes Wasser, Mehl und frische Hefe (oder Trockenhefe) in eine ausreichend hohe Frischhaltebox geben und mit einem Kochlöffel grob zu einer pastenartigen Masse vermengen. Verschließen und über Nacht **ca. 11 Stunden** (max. 18 Stunden) bei Raumtemperatur reifen lassen.

TAG 2 – HAUPTTEIG: STOCKGARE, STÜCKGARE

2 Für den Hauptteig den Poolish in die Rührschüssel der Küchenmaschine geben, Mehl, Olivenöl, frische Hefe (oder Trockenhefe) und 150 g kaltes Wasser hinzufügen und mit dem Knethaken bei geringer Geschwindigkeit vermengen, bis das Wasser absorbiert ist. Das restliche Wasser und kurz darauf das Salz dazugeben und auf mittlerer Stufe **15–20 Minuten** kneten, bis der Teig geschmeidig ist. (Alternativ von Hand kneten.) **3** Den Teig auf die Arbeitsfläche stürzen, dehnen und falten, dann um 90 Grad drehen und den Vorgang ca. 2-mal wiederholen. Die Teigkugel 5–6-mal schleifen, sodass sie Spannung bekommt. Eine Schüssel darüberstülpen und **15 Minuten** bei **Raumtemperatur** ruhen lassen. **4** Den Teig in 20 gleich große Stücke (à ca. 100 g) teilen. Ein Teigstück rundwirken und wenden, sodass die Naht unten liegt. Dann 5–6-mal zu einer schönen Teigkugel schleifen. Auf die gleiche Weise 19 weitere Teigkugeln formen. Die Backform mit etwas Olivenöl ausstreichen, die Teiglinge hineinlegen, mit einem feuchten Küchentuch abdecken und **1 Stunde** ruhen lassen. **5** Inzwischen den Backofen auf **250 °C (Ober-/Unterhitze)** vorheizen, dabei eine mit Wasser gefüllte ofenfeste Schale oder Auflaufform mit hineinstellen (oder die Dampffunktion des Ofens verwenden). **6** Für das Topping die Teiglinge mit der Tomatensauce bestreichen und im vorgeheizten Ofen **20 Minuten** mit viel Dampf vorbacken. **7** In der Zwischenzeit den Parmesan fein reiben, den Mozzarella in 8 × 8 × 40 mm große Stifte schneiden. **8** Die Backform aus dem Ofen nehmen. Die Teiglinge mit Basilikum, Parmesan, Mozzarella und Oregano bestreuen, mit Olivenöl beträufeln und noch **ca. 7 Minuten** backen. **9** Aus dem Ofen nehmen und etwas abkühlen lassen. Die einzelnen Pizzawolken trennen und noch warm genießen.

ⓘ Eine ausführliche Beschreibung der Arbeitsschritte für die Stockgare und Stückgare findest du auf S. 22–27.

TIPP Serviere dazu verschiedene Dips nach Wahl. Auch Basilikumpesto, rotes Pesto (S. 98) oder weiße Ricottacreme (S. 99) passen perfekt.

FÜR 20 PIZZAWOLKEN

FÜR DEN POOLISH

470 g kaltes Wasser (idealerweise 5–6 °C)
470 g Weizenmehl Type 00 (11–15 % Proteingehalt)
0,5 g frische Hefe oder 0,2 g Trockenhefe

FÜR DEN HAUPTTEIG

700 g Weizenmehl Type 00 (11–15 % Proteingehalt)
30 g Olivenöl plus etwas mehr zum Einfetten
15 g frische Hefe (oder 5 g Trockenhefe)
290 g kaltes Wasser (idealerweise 5–6 °C)
32 g feines Meersalz

FÜR DAS TOPPING

100 g Tomatensauce (S. 96)
20 g Parmesan
80 g Fior-di-latte-Mozzarella (Alternative siehe S. 32)
10–12 Basilikumblätter
½ TL getrockneter Oregano
10 g hochwertiges Olivenöl

AUSSERDEM

Küchenmaschine bzw. Spiralkneter
runde Backform (ca. 30 cm ø), alternativ große Auflaufform

BACKOFENHINWEIS

Für das Backen im Backofen siehe Seite 36–37.

Teichnerinis
Rezept S. 142–143

TEICHNERINIS

Version auf Foto: perfekte Tomatensauce

Piccolinis aus dem Tiefkühlregal kennt vermutlich jeder. Mit diesem Rezept zeige ich, wie man sie selbst besser machen kann. Ein absolut genialer Partysnack für Groß und Klein.

ZUBEREITUNGSZEITEN
Teig: ca. 10 Minuten plus 30 Minuten Ruhezeit
Sauce: 5 Minuten
Formen und belegen: ca. 45 Minuten

BACKZEITEN
im Backofen: 32–36 Minuten

TEIG
ca. 17:00 Uhr vermengen, kneten, ca. 10 Minuten

FORMEN UND OFEN
ca. 17:35 Uhr vorheizen
ca. 17:40 Uhr ausrollen, ausstechen, formen, ca. 10 Minuten
ca. 17:50 Uhr backen, ca. 8 Minuten
ca. 17:50 Uhr ausrollen, ausstechen, formen, ca. 10 Minuten
ca. 18:00 Uhr backen, ca. 8 Minuten
ca. 18:00 Uhr ausrollen, ausstechen, formen, ca. 10 Minuten
ca. 18:18 Uhr backen, ca. 8 Minuten

OFEN UND BELAG
ca. 18:10 Uhr belegen, ca. 8 Minuten
ca. 18:20 Uhr backen, 4–6 Minuten
ca. 18:20 Uhr belegen, ca. 8 Minuten
ca. 18:30 Uhr backen, 4–6 Minuten

1 Für den Teig alle Zutaten in eine Schüssel geben, mit dem Kochlöffel vermengen, auf die Arbeitsfläche geben und von Hand kneten, bis der Teig glatt und geschmeidig ist. Das dauert insgesamt **ca. 10 Minuten.** Die Schüssel darüberstülpen und **30 Minuten** ruhen lassen. **2** Den Backofen auf **250 °C (Ober-/Unterhitze)** vorheizen. Die Mulden des Muffinblechs mit Olivenöl ausstreichen. **3** Die Arbeitsfläche leicht mit Mehl bestäuben und den Teig ca. 3 mm dick ausrollen. Mit dem Ausstecher zunächst 12 Kreise (à 7 cm ø) ausstechen und in die Mulden der Muffinform drücken, dabei einen ganz kleinen Rand formen. In den vorgeheizten Ofen auf die mittlere Schiene geben und **ca. 8 Minuten** vorbacken. **4** Das Muffinblech aus dem Ofen nehmen, die kleinen Böden aus den Mulden heben und auf einem Küchengitter auskühlen lassen. **5** Inzwischen die Mulden des Muffinblechs erneut mit Olivenöl ausstreichen, 12 weitere Kreise ausstechen, dann wie zuvor in die Mulden drücken und backen. Den Vorgang noch einmal wiederholen, sodass 36 Böden gebacken sind. Dabei die Teigreste neu ausrollen und ausstechen, damit der gesamte Teig verbraucht wird. **6** In der Zwischenzeit für den Belag den Parmesan fein reiben und den Mozzarella in kleine Würfel schneiden. Nach Belieben weitere Zutaten für den Belag vorbereiten. **7** Die Ofentemperatur auf **210 °C** regeln.

18 Teigböden auf ein Backblech geben, jeweils mit 1 TL Tomatensauce bestreichen, klein gezupftes Basilikum darübergeben, mit etwas Parmesan und Mozzarella bestreuen und mit weiteren Zutaten nach Wahl belegen. Im Ofen **4–6 Minuten** fertig backen. Auf die gleiche Weise die restlichen 18 Teichnerinis belegen und backen. Warm oder kalt genießen.

TIPP Einige der vorgebackenen Teigböden kannst du auch mit Basilikumpesto oder rotem Pesto (S. 98) statt mit Tomatensauce bestreichen. Köstlich!

EINFRIERTIPP Die Teigböden nach dem Vorbacken auskühlen lassen, wie oben beschrieben belegen und einfrieren. – Steht die nächste Party an? Den Backofen auf 210 °C (Ober-/Unterhitze) vorheizen, währenddessen die gefrorenen Teichnerinis auf ein Backblech geben, antauen lassen und im vorgeheizten Ofen 8 Minuten backen.

FÜR CA. 36 TEICHNERINIS

FÜR DEN TEIG

230 g Weizenmehl Type 00 Type 00 (11–15 % Proteingehalt, alternativ Weizenmehl Type 405) plus etwas mehr zum Bestäuben
130 g Wasser
6 g frische Hefe (oder 2 g Trockenhefe)
6 g Salz
7 g Olivenöl plus etwas mehr zum Einfetten
1 Msp. Zucker

FÜR DEN BELAG

30 g Parmesan
150 g Fior-di-latte-Mozzarella (Alternative siehe S. 32)
weiterer Belag nach Wahl, z. B. gewürfelte Salami (oder Schinken), Champignonscheiben, Zwiebelringe oder Paprikawürfel
ca. 180 g Tomatensauce (S. 96)
10–12 Basilikumblätter

AUSSERDEM

12er-Muffinblech (Muldendurchmesser 7 cm)
runder Ausstecher (7 cm ø, alternativ dünnwandiges Glas)

BACKOFENHINWEIS
Für das Backen im Backofen siehe Seite 36–37.

Diese kleinen Leckerbissen sind ideal für gesellige Anlässe und definitiv etwas Besonderes für die nächste Party!

PIZZETTE – SIZILIANISCHE MINIPIZZEN

Version auf Foto: perfekte Tomatensauce,
Basilikumpesto, rotes Pesto, weiße Ricottacreme

1 Für den Teig Mehl, Zucker, frische Hefe (oder Trockenhefe) und Salz in eine Schüssel geben und vermischen. Das Wasser darübergießen und mit dem Kochlöffel vermengen, bis das Wasser absorbiert ist. Auf die Arbeitsfläche stürzen, das Olivenöl einarbeiten und mit den Händen **ca. 15 Minuten** kneten, bis der Teig schön geschmeidig ist. Den Teig in eine eingeölte Schüssel geben, mit einem feuchten Küchentuch abdecken und bei **Raumtemperatur 2 Stunden** ruhen lassen. **2** Für die Stückgare den Teig auf die Arbeitsfläche geben und in 6 gleich große Stücke (à 95 g) teilen. Ein Teigstück rundwirken und wenden, sodass die Naht unten liegt. Dann 5–6-mal schleifen, damit eine schöne Teigkugel mit Spannung entsteht. Auf die gleiche Weise 5 weitere Teigkugeln formen, mit Abstand auf ein mit Backpapier ausgelegtes Backblech legen, mit einem feuchten Küchentuch abdecken und **30 Minuten** ruhen lassen. **3** Inzwischen den Backofen auf **250 °C** (Ober-/Unterhitze) vorheizen. **4** Die Teiglinge mit leicht geölten Fingern auseinanderdrücken (ähnlich wie beim Formen eines Pizzabodens, siehe S. 30–31). Mit einer oder verschiedenen Saucen nach Wahl bestreichen und im vorgeheizten Ofen auf der mittleren Schiene **ca. 8 Minuten** vorbacken. Aus dem Ofen nehmen, nach Wahl belegen, wieder in den Ofen geben und **ca. 7 Minuten** fertig backen.

Eine ausführliche Beschreibung der Arbeitsschritte für die Stückgare findest du auf S. 22–27.

TIPP Die Schüssel sollte mit einem feuchten Küchentuch abgedeckt werden, damit die Außenhaut des Teiges nicht antrocknet. Du kannst den Teig auch mit etwas Olivenöl bestreichen.

BACKOFENHINWEIS
Für das Backen im Backofen siehe Seite 36–37.

ZUBEREITUNGSZEITEN
Teiglinge: ca. 25 Minuten plus
2,5 Stunden Ruhezeit
Saucen: perfekte Tomatensauce: 5 Minuten; Pesto: 15–20 Minuten plus Abkühlzeit; weiße Ricottacreme: 5–8 Minuten
Belegen: 15 Minuten

BACKZEITEN
im Backofen: ca. 15 Minuten

TEIG
ca. 15:00 Uhr vermengen, kneten,
ca. 20 Minuten
ca. 17:20 Uhr portionieren, rundwirken,
schleifen, 5 Minuten
OFEN UND BELAG
ca. 17:45 Uhr vorheizen
ca. 17:55 Uhr formen, bestreichen,
5 Minuten
ca. 18:00 Uhr vorbacken, ca. 8 Minuten
ca. 18:00 Uhr Belag vorbereiten,
10 Minuten
ca. 18:10 Uhr belegen, fertig backen,
ca. 7 Minuten

FÜR 6 PIZZETTE
FÜR DEN TEIG
340 g Weizenmehl Type 00
(11–15 % Proteingehalt, alternativ
Weizenmehl Type 405)
5 g Zucker
10 g frische Hefe (oder 3,3 g Trockenhefe)
10 g feines Meersalz
205 g kaltes Wasser (idealerweise 5–6 °C)
15 g Olivenöl plus etwas mehr
zum Einfetten
FÜR DEN BELAG (NACH BELIEBEN)
Sauce nach Wahl (S. 96–99)
Belag nach Wahl: z. B. fein geriebener Parmesan, klein gewürfelter Fior-di-latte-Mozzarella (Alternative siehe S. 32), Salamischeiben (oder Schinken), Zwiebelringe, Champignonscheiben, feine Trüffelscheiben, halbierte Kirschtomaten, Pinienkerne, Peperonistücke aus dem Glas, gehackte Petersilie, Basilikum

FUGAZZETA

Die argentinische Fugazzeta ist eine köstliche Pizzavariante mit fein geschnittenen Zwiebeln, die mit Käse und manchmal auch mit saftigem Schinken kombiniert werden. Ein beliebter Gaumenschmaus und eine echte kulinarische Bereicherung für Liebhaber herzhafter Pizzen!

ZUBEREITUNGSZEIT
40–45 Minuten plus
1 Stunde, 15 Minuten Ruhezeit
und ca. 22 Minuten Backzeit

TEIG
ca. 17:00 Uhr vermengen,
kneten, 15–20 Minuten
ca. 18:20 Uhr portionieren,
schleifen, 5 Minuten
OFEN UND BELAG
ca. 18:30 Uhr Belag vorbereiten,
10 Minuten
ca. 18:40 Uhr Ofen vorheizen,
Teig ausrollen, belegen,
10 Minuten
ca. 18:50 Uhr backen,
ca. 22 Minuten

FÜR 1 FUGAZETTA (CA. 30 CM Ø)
FÜR DEN TEIG
500 g Weizenmehl Type 00
(11–15% Proteingehalt, alternativ
Weizenmehl Type 405) plus
etwas mehr zum Bestäuben
300 g handwarmes Wasser
15 g frische Hefe
(oder 5 g Trockenhefe)
10 g Salz
Olivenöl zum Einfetten
FÜR DEN BELAG
250 g Fior-di-latte-Mozzarella
(Alternative siehe S. 32)
50 g Parmesan, 50 g Edamer
3 mittelgroße Zwiebeln
1–2 Prisen getrockneter Oregano
1 Prise Chiliflocken
10 g hochwertiges Olivenöl
AUSSERDEM
rundes Pizzablech oder runde
Backform (28–30 cm ø)

1 Für den Teig Mehl, Wasser, Hefe (oder Trockenhefe) und Salz in eine große Schüssel geben und mit dem Kochlöffel vermengen. Die Masse auf die Arbeitsfläche stürzen und mit den Händen **10–15 Minuten** kräftig kneten, bis der Teig schön geschmeidig ist. (Alternativ in der Küchenmaschine zuerst ca. 5 Minuten auf mittlerer, dann 5–10 Minuten auf hoher Stufe kneten.) In eine Schüssel geben, mit einem Küchentuch abdecken und **1 Stunde** gehen lassen. **2** Für die Stückgare den Teig halbieren, zu Kugeln formen und schleifen. Den Vorgang 4–5-mal wiederholen, sodass schöne Teigkugeln mit Spannung entstehen. Abdecken und **15 Minuten** ruhen lassen. **3** Inzwischen den Backofen auf **230 °C** (Ober-/Unterhitze) vorheizen. Die Backform mit Olivenöl einfetten. **4** Für den Belag den Mozzarella in 1 cm große Würfel schneiden. Den Parmesan fein reiben, den Edamer ebenfalls reiben. Die Zwiebeln schälen und in feine Streifen schneiden. **5** Die Arbeitsfläche mit etwas Mehl bestäuben und die Teiglinge mit dem Nudelholz rund und ca. 1,5 cm größer ausrollen als die Backform. Eine Teigscheibe in die vorbereitete Form legen, dann Mozzarella, Parmesan und Edamer darauf verteilen. Die zweite Teigscheibe darauflegen, den Rand andrücken und die Oberfläche mit einer Gabel mehrfach einstechen, damit der Teigdeckel sich beim Backen nicht aufbläht. Die Zwiebeln darauf verteilen, mit Oregano und Chiliflocken bestreuen und mit dem Olivenöl beträufeln. **6** Die Form in den vorgeheizten Backofen auf die mittlere Schiene geben und **ca. 22 Minuten** backen. Herausnehmen und genießen.

i Eine ausführliche Beschreibung der Arbeitsschritte für die Stückgare findest du auf S. 22–27.

TIPP Diese wuchtige, gehaltvolle Fugazzeta ist perfekt für einen Filmabend mit Freunden.

DESSERTPIZZA „SÜSSE BLUME“

Version auf Foto: 100%-Biga-Pizzateig

Ein Pizzateigling ist übrig geblieben? Perfekt, um daraus im Nu eine Dessertpizza zu zaubern wie diese hier, die mit Nuss-Nugat-Creme gefüllt und mit Erdbeeren und Pistazien getoppt wird.

1 Den Pizzaofen **20–60 Minuten** vorheizen, bis dieser eine Steintemperatur von **380 °C** erreicht hat. (Oder im Backofen wie unten angegeben backen.) **2** Die Erdbeeren waschen, entstielen, gut abtropfen lassen, große Exemplare halbieren oder vierteln und beiseitestellen. **3** Ein Semolabett auf die Arbeitsfläche häufen und den Teigling wie auf S. 30–31 beschrieben zu einem Pizzaboden formen, aber ohne Rand, also auch die Luft aus dem Rand drücken. **4** Den Teigkreis am Rand 5-mal in gleichmäßigen Abständen radial 4–5 cm tief einschneiden und auf die Stellen zwischen den Schnitten jeweils 1 TL Nuss-Nugat-Creme setzen. **5** Ein Teigsegment mit beiden Händen an beiden Ecken fassen, zur Teigmitte hin klappen und die Ecken zusammenführen, sodass eine Spitze entsteht. Die Naht zusammendrücken und so verschließen. Die übrigen vier Segmente ebenso zu Spitzen formen, das ergibt zum Schluss eine sternförmige Teigblume. Die freie Teigmitte mit einer Gabel mehrmals einstechen, damit später Dampf entweichen kann. **6** Die Teigblume wie auf S. 32 angegeben auf den mit Semola bestäubten Pizzaschieber ziehen, nachformen, dann in den vorgeheizten Pizzaofen einschießen und **ca. 2 Minuten** backen. **7** Aus dem Ofen nehmen und die Teigmitte sogleich mit der restlichen Nuss-Nugat-Creme bestreichen. Die Erdbeeren auf die Schokocreme legen und mit den gehackten Pistazien bestreuen. Nach Belieben mit Minze dekorieren, mit Puderzucker bestäuben und noch warm (oder auch kalt) servieren.

BACKOFENHINWEIS Den Backofen mit einem Pizzastahl oder Pizzastein auf der mittleren Schiene 20–30 Minuten auf 250 °C (Ober-/Unterhitze) vorheizen (alternativ ein umgedrehtes Backblech mit in den Backofen geben). Die Teigblume in den vorgeheizten Ofen einschießen und ca. 5 Minuten backen. Aus dem Ofen nehmen und wie oben angegeben fertigstellen.

ZUBEREITUNGSZEITEN
Teiglinge: 45 Minuten plus ca. 50 Stunden Ruhezeit
Pizza formen, belegen: 15–20 Minuten

BACKZEITEN
im Pizzaofen: ca. 2 Minuten
(im Backofen: ca. 5 Minuten)

FÜR 1 DESSERTPIZZA (4 PORTIONEN)
100 g Erdbeeren
1 Pizzateigling (ca. 280 g, S. 58, Teigsorte auch wählbar aus S. 52–78)
ca. 50 g Nuss-Nugat-Creme
10 g gehackte Pistazien
einige Minzeblätter (nach Belieben)
Puderzucker zum Bestäuben

AUSSERDEM
reichlich Semola rimacinata (Hartweizenmehl) zum Teigformen (ersatzweise Weizenmehl)
Pizzaschieber und evtl. Turning Peel

DESSERTPIZZA „PUDDINGLIEBE“

Version auf Foto: Same-Day-Pizzateig

Pizzateigling übrig? Und ein Rest Vanillepudding? Einige frische Beeren und ein paar Kekse sind noch da? Dann solltest du unbedingt diese leckere und schnell gemachte Dessertpizza ausprobieren.

ZUBEREITUNGSZEITEN
Teiglinge: 35 Minuten plus 7,5 Stunden Ruhezeit
Pizza formen, belegen: 10 Minuten

BACKZEITEN
im Pizzaofen: ca. 2 Minuten
(im Backofen: ca. 5 Minuten)

FÜR 1 DESSERTPIZZA (4 PORTIONEN)
1 Handvoll Blaubeeren
1 Handvoll Himbeeren
1 Pizzateigling (ca. 280 g, S. 72, Teigsorte auch wählbar aus S. 52–78)
ca. 100 g Vanillepudding (Rest oder gekauft)
einige Minikekse (Sorte nach Wahl)
Puderzucker zum Bestäuben (nach Belieben)

AUSSERDEM
reichlich Semola rimacinata (Hartweizenmehl) zum Teigformen (ersatzweise Weizenmehl)
Pizzaschieber und evtl. Turning Peel

1 Den Pizzaofen **20–60 Minuten** vorheizen, bis dieser eine Steintemperatur von **410–430 °C** erreicht hat. (Oder im Backofen wie unten angegeben backen.) **2** Blaubeeren und Himbeeren waschen und gut abtropfen lassen. **3** Ein Semolabett auf die Arbeitsfläche häufen und den Teigling wie auf S. 30–31 beschrieben zu einem Pizzaboden mit Rand formen und mit einer Gabel mehrfach einstechen, damit sich der Teig beim Backen nicht wölbt. **4** Den Teigboden wie auf S. 32 angegeben auf den mit Semola bestäubten Pizzaschieber ziehen, nachformen, dann in den vorgeheizten Pizzaofen einschießen und **ca. 2 Minuten** backen. Sollte der Boden sich aufblähen, darf man ihn mit dem Turning Peel oder Pizzaschieber herunterdrücken. **5** Aus dem Ofen nehmen und sogleich mit dem Vanillepudding bestreichen. Die Beeren darauf verteilen, mit Minikeksen toppen und nach Belieben mit Puderzucker bestäuben.

BACKOFENHINWEIS Den Backofen mit einem Pizzastahl oder Pizzastein auf der mittleren Schiene 20–30 Minuten auf 250 °C (Ober-/Unterhitze) vorheizen (alternativ ein umgedrehtes Backblech mit in den Backofen geben). Den Teigboden in den vorgeheizten Ofen einschießen und ca. 5 Minuten backen. Aus dem Ofen nehmen und die Dessertpizza wie oben angegeben fertigstellen.

DESSERTPIZZA „APPLE CRUMBLE OVERLOAD“

Version auf Foto: Same-Day-Pizzateig

Ein Rest Apple Crumble ergibt zusammen mit Vanillesauce und einem übrig gebliebenen Pizzateigling eine herrliche Dessertpizza.

1 Den Pizzaofen **20–60 Minuten** vorheizen, bis dieser eine Steintemperatur von **ca. 380 °C** erreicht hat. (Oder im Backofen wie unten angegeben backen.) **2** Ein Semolabett auf die Arbeitsfläche häufen und den Teigling wie auf S. 30–31 beschrieben zu einem Pizzaboden mit Rand formen. **3** Den Pizzaboden wie auf S. 32 angegeben auf den mit Semola bestäubten Pizzaschieber ziehen, nachformen, dann in den vorgeheizten Pizzaofen einschießen und **ca. 2 Minuten** backen. **4** Aus dem Ofen nehmen, die Vanillesauce auf dem Boden verstreichen und mit Apple Crumble belegen. Mit Puderzucker bestäuben und genießen.

TIPP Ein Bratapfel ist übrig geblieben? Statt Apple Crumble macht dieser sich klein geschnitten super als Belag.

ZUBEREITUNGSZEITEN
Teiglinge: 35 Minuten plus 7,5 Stunden Ruhezeit
Pizza formen, belegen: 10 Minuten

BACKZEITEN
im Pizzaofen: ca. 2 Minuten
(im Backofen: ca. 5 Minuten)

FÜR 1 DESSERTPIZZA (4 PORTIONEN)
1 Pizzateigling (ca. 280 g, S. 72, Teigsorte auch wählbar aus S. 52–78)
ca. 100 g Vanillesauce (Rest oder gekauft)
ca. 100 g Apple Crumble (Rest, alternativ stückiges Apfelkompott aus dem Glas)
Puderzucker zum Bestäuben

AUSSERDEM
reichlich Semola rimacinata (Hartweizenmehl) zum Teigformen (ersatzweise Weizenmehl)
Pizzaschieber und evtl. Turning Peel

BACKOFENHINWEIS Den Backofen mit einem Pizzastahl oder Pizzastein auf der mittleren Schiene 20–30 Minuten auf 250 °C (Ober-/Unterhitze) vorheizen (alternativ ein umgedrehtes Backblech mit in den Backofen geben). Den Teigboden in den vorgeheizten Ofen einschießen und ca. 5 Minuten backen. Aus dem Ofen nehmen und die Dessertpizza wie oben angegeben belegen.

CIABATTA

Charakteristisch für dieses fluffig-aromatische und saftige Brot sind die knusprige Kruste und die ungleichmäßige und grobe Porung der Krume.

ZUBEREITUNGSZEIT
25 Minuten plus ca. 26 Stunden Ruhezeit und 15–18 Minuten Backzeit

TAG 1
POOLISH
16:00 Uhr herstellen, 5 Minuten

TAG 2
HAUPTTEIG
16:00 Uhr vermengen, kneten, ca. 10 Minuten
ca. 16:10 Uhr dehnen und falten, 3 Minuten
ca. 16:45 Uhr dehnen und falten, 3 Minuten
ca. 17:50 Uhr portionieren, 3 Minuten
OFEN
ca. 18:10 Uhr vorheizen
ca. 18:25 Uhr backen, 15–18 Minuten

FÜR 2 CIABATTE
FÜR DEN POOLISH
230 g kaltes Wasser (idealerweise 5–6 °C)
0,5 g frische Hefe (oder 0,2 g Trockenhefe)
230 g Weizenmehl Type 00 (11–15 % Proteingehalt)
FÜR DEN HAUPTTEIG
180 g Wasser
8 g frische Hefe (oder 3 g Trockenhefe)
275 g Weizenmehl Type 00 (11–15 % Proteingehalt)
15 g Olivenöl plus etwas mehr zum Einfetten
12 g Salz
Semola rimacinata (Hartweizenmehl) zum Bestreuen (ersatzweise Weizenmehl)
AUSSERDEM
Küchenmaschine oder Spiralkneter
Pizzastahl oder -stein (alternativ Backblech)

TAG 1 – POOLISH

1 Für den Poolish das Wasser in eine ausreichend hohe Frischhaltebox geben und die frische Hefe (oder Trockenhefe) darin auflösen. Das Mehl hinzufügen und mit einem Kochlöffel vermengen, bis eine Paste entsteht. Verschließen und **ca. 24 Stunden** (oder 22–27 Stunden) bei Raumtemperatur reifen lassen.

TAG 2 – HAUPTTEIG: STOCKGARE, STÜCKGARE

2 Für den Hauptteig den Poolish vom Vortag in die Rührschüssel der Küchenmaschine geben, Wasser und frische Hefe (oder Trockenhefe) hinzufügen und mit dem Knethaken kurz vermengen. Das Mehl dazugeben und auf kleinster Stufe kneten, bis das Wasser aufgenommen ist. Dann Olivenöl und Salz hinzugeben und bei höchstmöglicher Geschwindigkeit **5–7 Minuten** kneten, bis der Teig geschmeidig ist. (Alternativ von Hand kneten.) **3** Den Teig in eine eingeölte große Frischhaltebox legen und mit der Coil-fold-Methode 2-mal im Abstand von **30 Minuten** dehnen und falten. Nach dem zweiten Vorgang die Box verschließen und den Teig **1 Stunde** bei **Raumtemperatur** reifen lassen. **4** Die Arbeitsfläche mit Semola bestäuben, den Teig daraufgeben, mit einer Teigkarte halbieren und zu länglichen Laiben formen. Die Teiglinge auf ein mit Backpapier ausgelegtes Küchenbrett legen, mit einem feuchten Küchentuch abdecken und weitere **30 Minuten** ruhen lassen. **5** Inzwischen, falls vorhanden, den Pizzastahl oder -stein (alternativ ein umgedrehtes Backblech) auf der mittleren Schiene des Backofens platzieren und auf mindestens **250 °C** (Ober-/Unterhitze) vorheizen. Eine mit Wasser gefüllte Auflaufform mit in den Ofen geben (oder die Dampffunktion verwenden). **6** Mithilfe des Küchenbretts die Teiglinge mit dem Backpapier in den vorgeheizten Ofen auf den heißen Pizzastahl oder -stein oder auf das heiße Blech gleiten lassen und **15–18 Minuten** backen. **7** Herausnehmen und auf einem Küchengitter auskühlen lassen.

ⓘ Eine ausführliche Beschreibung der Arbeitsschritte für die Coil-fold-Methode findest du auf S. 26–27.

TIPP Der Dampf im Backofen sorgt dafür, dass sich eine schöne knusprige Kruste bildet. Durch den Pizzastahl oder -stein backt der Boden der Ciabatta besonders gut, aber es geht natürlich auch auf dem Backblech.

Focaccia stammt ursprünglich aus der italienischen Region Ligurien. Sie wird aus einfachem Hefeteig hergestellt, der mit Olivenöl beträufelt und mit Salz bestreut wird. Die charakteristische Oberfläche entsteht durch das Eindrücken der Fingerkuppen in den Teig. Köstlich als Beilage oder Snack!

FOCACCIA

TAG 1 AUTOLYSETEIG, HAUPTTEIG: STOCKGARE

1 Für den Autolyseteig das Mehl in die Rührschüssel der Küchenmaschine geben, das Wasser hinzugießen und mit einem Kochlöffel zu einer groben Masse verrühren, dabei darauf achten, dass die Flüssigkeit vollständig absorbiert wird. Die Schüssel mit einem Küchentuch abdecken und die Mehlmischung **30 Minuten** ruhen lassen. **2** Für den Hauptteig die frische Hefe (oder Trockenhefe) im Wasser auflösen, zum Autolyseteig gießen und mit dem Knethaken bei mittlerer bis hoher Geschwindigkeit **7–10 Minuten** intensiv kneten. Salz und Olivenöl hinzugeben und noch **5–7 Minuten** kneten, bis der Teig schön geschmeidig ist. (Alternativ mit den Händen 12–17 Minuten kneten.) **3** Den Teig in eine eingeölte große Frischhaltebox legen und mit der Coil-fold-Methode 2-mal im Abstand von **30 Minuten** dehnen und falten. Nach dem zweiten Vorgang die Box verschließen und den Teig über Nacht **18–20 Stunden** (max. 24 Stunden) bei **Raumtemperatur** reifen lassen.

TAG 2

4 Die Backform gut mit Olivenöl ausstreichen. Den Teig einfach aus der Box in die Form gleiten lassen und mit den Fingerkuppen leicht bis in die Ecken drücken. Abdecken und noch **4 Stunden** bei **Raumtemperatur** ruhen lassen. **5** Inzwischen den Backofen auf **230 °C** (Ober-/Unterhitze) vorheizen. **6** Für den Belag die Tomaten waschen und trocken tupfen. Den Rosmarin abspülen, trocken schütteln und die Nadeln abstreifen. Den Teig großzügig mit Olivenöl beträufeln, dann mit den Fingerkuppen viele Mulden hineindrücken. Die Tomaten hineinlegen, andrücken und mit Rosmarin und Salzflocken bestreuen. **7** In den vorgeheizten Ofen auf die mittlere Schiene geben und **25–30 Minuten** backen. **8** Herausnehmen und die Focaccia vor dem Anschneiden etwas abkühlen lassen.

i Eine ausführliche Beschreibung der Arbeitsschritte für die Coil-fold-Methode findest du auf S. 26–27.

TIPP Du kannst die Focaccia auch mit anderen oder zusätzlichen Zutaten belegen, z. B. mit Oliven oder Zwiebelstreifen. Sehr attraktiv sieht es aus, wenn man die Stiele an den Kirschtomaten lässt.

ZUBEREITUNGSZEIT
ca. 40 Minuten plus
ca. 23–25 Stunden Ruhezeit
und 25–30 Minuten Backzeit

TAG 1
AUTOLYSETEIG
18:00 Uhr herstellen, 5 Minuten
HAUPTTEIG
ca. 18:35 Uhr kneten, 12–17 Minuten
ca. 18:50 Uhr dehnen und falten, 3 Minuten
ca. 19:25 Uhr dehnen und falten, 3 Minuten

TAG 2
FORMEN
ca. 15:00 Uhr in die Form drücken, 5 Minuten
OFEN UND BELAG
ca. 18:45 Uhr vorheizen
ca. 19:00 Uhr belegen, 5 Minuten
ca. 19:05 Uhr backen, 25–30 Minuten

FÜR 1 FOCACCIA (CA. 40 × 32 CM)

FÜR DEN AUTOLYSETEIG
600 g Weizenmehl Type 00 (11–15 % Proteingehalt)
405 g kaltes Wasser (idealerweise 5–6 °C)

FÜR DEN HAUPTTEIG
2 g frische Hefe (oder 0,7 g Trockenhefe)
45 g kaltes Wasser (idealerweise 5–6 °C)
15 g feines Meersalz
25 g Olivenöl plus etwas mehr zum Einfetten

FÜR DEN BELAG (NACH BELIEBEN)
ca. 300 g Kirschtomaten
1 Zweig Rosmarin
ca. 20 g hochwertiges Olivenöl
Salzflocken

AUSSERDEM
Küchenmaschine oder Spiralkneter
tiefes Backblech oder Backform (ca. 40 × 32 cm)

FLADENBROTE

Diese Fladenbrote sind absolut genial:
fluffig, weich, aromatisch und bekömmlich!

ZUBEREITUNGSZEIT
40–45 Minuten plus ca. 22 Stunden Ruhezeit und ca. 12 Minuten Backzeit

TAG 1
POOLISH
ca. 20:00 Uhr herstellen, 5 Minuten

TAG 2
HAUPTTEIG
ca. 16:00 Uhr vermengen, kneten, 15–20 Minuten
ca. 17:20 Uhr dehnen, falten, schleifen, 5 Minuten
ca. 18:25 Uhr portionieren, rundwirken, schleifen, 10 Minuten
OFEN UND TOPPING
ca. 19:15 Uhr vorheizen
ca. 19:35 Uhr toppen, 5 Minuten
ca. 19:40 Uhr backen, ca. 12 Minuten

FÜR 4 FLADENBROTE
FÜR DEN POOLISH
260 g Weizenmehl Type 00 (alternativ Weizenmehl Type 405)
260 g kaltes Wasser (idealerweise 5–6 °C)
0,5 g frische Hefe (oder 0,2 g Trockenhefe)
FÜR DEN HAUPTTEIG
260 g Weizenmehl Type 00 (alternativ Weizenmehl Type 405) plus etwas mehr zum Bestäuben
5 g frische Hefe (oder 2 g Trockenhefe)
60 g kaltes Wasser (idealerweise 5–6 °C)
12 g Salz
15 g Olivenöl plus etwas mehr zum Einfetten
15 g Naturjoghurt
FÜR DAS TOPPING
1 Eigelb, 30 g Naturjoghurt
Schwarzkümmelsamen und Sesamsaat zum Bestreuen

TAG 1 – POOLISH

1 Für den Poolish Mehl, Wasser und Hefe (oder Trockenhefe) in eine ausreichend hohe Frischhaltebox geben und mit dem Kochlöffel verrühren, bis eine pastenartige Masse entsteht. Verschließen und **ca. 20 Stunden** (oder 18–24 Stunden) bei **Raumtemperatur** reifen lassen.

TAG 2 – HAUPTTEIG: STOCKGARE, STÜCKGARE

2 Für den Hauptteig Poolish, Mehl, Hefe (oder Trockenhefe) und 30 g kaltes Wasser in eine große Schüssel geben und von Hand vermengen, bis das Wasser absorbiert ist. Erst das restliche Wasser, dann Salz, Olivenöl und Joghurt hinzufügen und einarbeiten. **3** Den Teig auf die leicht bemehlte Arbeitsfläche stürzen und mit den Händen **10–15 Minuten** kräftig kneten, bis der Teig schön geschmeidig ist. (Alternativ in der Küchenmaschine zuerst ca. 5 Minuten auf mittlerer, dann 5–10 Minuten auf hoher Stufe kneten.) **4** Nun den Teig dehnen und falten, um 90 Grad drehen und den Vorgang ca. 2-mal wiederholen. Die Teigkugel 5–6-mal schleifen, sodass sie Spannung bekommt. In eine eingeölte Schüssel geben und **1 Stunde** ruhen lassen. **5** Den Teig in 4 gleich große Stücke (à ca. 220 g) teilen. Ein Teigstück rundwirken und wenden, sodass die Naht unten liegt. Dann 5–6-mal zu einer schönen Teigkugel schleifen. Auf die gleiche Weise 3 weitere Teigkugeln formen. Auf ein mit Backpapier ausgelegtes Backblech legen, mit einem feuchten Küchentuch abdecken und **1 Stunde** abgedeckt ruhen lassen. **6** Inzwischen den Backofen auf **250 °C** (Ober-/Unterhitze) vorheizen. **7** Für das Topping Eigelb und Joghurt verrühren und die Teiglinge damit bestreichen. Mit 1,5 cm Abstand zum Rand mit den Fingerkuppen rundum eine Rille in die Teiglinge drücken, dann in das Kreisinnere mehrere Mulden drücken. Mit Schwarzkümmel und Sesam bestreuen und im vorgeheizten Ofen auf der mittleren Schiene **ca. 12 Minuten** backen. **8** Herausnehmen, die Fladenbrote direkt mit einem Küchentuch abdecken und auskühlen lassen. So werden sie noch weicher.

Eine ausführliche Beschreibung der Arbeitsschritte für die Stockgare und Stückgare findest du auf S. 22–27.

TIPP Die kleinen Fladenbrote eignen sich auch perfekt zum Füllen. Dazu eine „Tasche" einschneiden, vorsichtig öffnen, nach Wunsch füllen und genießen!

TIPP Frisch belegt und in einer Lunchbox verstaut, sind die Subs ideale Begleiter.

FLUFFIGE SUBS

Weich, fluffig, reißfest und absolut köstlich. Belegt werden die Subs klassisch mit Chicken Teriyaki, aber hier kannst du ganz nach Vorlieben kreativ werden.

1 Für den Teig Mehl, frische Hefe (oder Trockenhefe), Salz, Zucker und 165 g Milch in eine große Schüssel geben und von Hand vermengen, bis die Flüssigkeit absorbiert ist. Restliche Milch und Butter hinzugeben und einarbeiten. Den Teig auf der Arbeitsfläche mit den Händen **15–20 Minuten** kräftig kneten, bis er schön geschmeidig ist. (Alternativ in der Küchenmaschine zuerst 5–10 Minuten auf mittlerer, dann 10 Minuten auf hoher Stufe kneten.) **2** Für die Stockgare den Teig dehnen und falten, um 90 Grad drehen und den Vorgang ca. 2-mal wiederholen. Die Teigkugel 5–6-mal schleifen, sodass sie Spannung bekommt. In eine leicht eingeölte Schüssel geben, mit einem feuchten Küchentuch abdecken und **1 Stunde** ruhen lassen. **3** Für die Stückgare den Teig auf der Arbeitsfläche mit der Handfläche andrücken, damit die Gärgase entweichen. In 3 gleich große Stücke (à ca. 300 g) teilen. Ein Teigstück rundwirken und wenden, sodass die Naht unten liegt. Dann 5–6-mal zu einer schönen Teigkugel schleifen. Auf die gleiche Weise 2 weitere Teigkugeln formen. **4** Die Teiglinge abdecken und **15 Minuten** entspannen lassen, dadurch lassen sie sich leichter weiterverarbeiten. **5** Die Arbeitsfläche mit etwas Mehl bestäuben und die Teiglinge mit dem Nudelholz zu ca. 20 × 30 cm großen Rechtecken ausrollen. Dann von den langen Seiten fest aufrollen und die kurzen Enden verschließen. Die Teigstangen auf ein mit Backpapier ausgelegtes Backblech legen, mit einem feuchten Küchentuch abdecken und **1 Stunde** bei **Raumtemperatur** gehen lassen. **6** Inzwischen den Backofen auf **200 °C** (Ober-/Unterhitze) vorheizen, dabei eine mit Wasser gefüllte ofenfeste Schale oder Auflaufform mit hineingeben (oder die Dampffunktion verwenden). **7** Die Teigstangen mit einem sehr scharfen Messer (am besten eine Rasierklinge) 3–4-mal diagonal einschneiden. **8** Für das Topping das Eigelb verrühren und die Teiglinge damit bestreichen. Nach Belieben mit Sesam bestreuen, in den vorgeheizten Ofen auf die mittlere Schiene geben und **17–20 Minuten** mit viel Dampf backen. **9** Aus dem Ofen nehmen und sogleich mit flüssiger Butter bestreichen. Mit einem Küchentuch abdecken und auskühlen lassen. Dadurch werden sie besonders weich und reißfest.

ⓘ Eine ausführliche Beschreibung der Arbeitsschritte für die Stockgare und Stückgare findest du auf S. 22–27.

ZUBEREITUNGSZEIT
40–45 Minuten plus 2 Stunden, 15 Minuten Ruhezeit und 17–20 Minuten Backzeit

TEIG
ca. 16:00 Uhr vermengen, kneten, 20–25 Minuten
ca. 16:25 Uhr dehnen, falten, schleifen, 5 Minuten
ca. 17:30 Uhr portionieren, rundwirken, schleifen, 5 Minuten
ca. 17:50 Uhr ausrollen, formen, 10 Minuten

OFEN UND TOPPING
ca. 18:55 Uhr vorheizen
ca. 19:00 Uhr toppen, 5 Minuten
ca. 19:05 Uhr backen, 17–20 Minuten

FÜR 3 SUBS

FÜR DEN TEIG
520 g Weizenmehl Type 00 (oder Typ 550) plus etwas mehr zum Bestäuben
15 g frische Hefe (oder 5 g Trockenhefe)
13 g Salz
7 g Zucker
330 g Milch (3,5% Fett)
20 g weiche Butter
Olivenöl zum Einfetten

FÜR DAS TOPPING
1 Eigelb
Sesamsaat zum Bestreuen, alternativ Mischung aus 1 EL geriebenem Parmesan und ½ TL getrocknetem Oregano (nach Belieben)
15 g flüssige Butter

ZU GUTER Letzt

GLOSSAR

Anstellgut
Auch Sauerteigstarter oder Grundsauer genannt. Ein Teil des Sauerteigs, der für die Fermentation eines Teiges verwendet wird (S. 15).

Autolyseteig
Vorteig ohne Backtriebmittel, bei dem in der Ruhephase durch Autolyse die Glutenentwicklung gefördert wird (S. 12).

Biga
Italienischer Vorteig, der für Geschmacksentwicklung und Strukturverbesserung eingesetzt wird (S. 12).

Fermentation
Stoffwechselprozess, bei dem Hefe oder Sauerteig den Teig aufgehen lässt, weil Gärungsgase entstehen (S. 14–15).

Gare
Siehe Stockgare, Stückgare und reifen lassen.

Gluten
Ein Protein im Mehl, auch Klebereiweiß genannt, das viel Wasser binden kann und beim Kneten elastische Strukturen im Teig bildet (S. 9).

Glutengerüst
Durch das Mischen von Mehl und Wasser zu einem Teig sowie dem Kneten des Teiges entsteht mithilfe der Glutenentwicklung eine Netzstruktur, auch Klebergerüst genannt, die dem Teig Elastizität verleiht (S. 9).

Hefe (Backhefe)
Ein mikrobieller einzelliger Organismus, der durch Verstoffwechselung von Kohlenhydraten in Kohlenstoffdioxid und Alkohol für die Gärung im Teig verantwortlich ist und ihn aufgehen lässt (S. 14–15).

Hydratation
Die Prozentzahl gibt an, wie hoch der gebundene Wasseranteil im Teig ist (S. 19).

Klebereiweiß
Siehe Gluten.

Klebereiweißgerüst
Siehe Glutengerüst.

Milchsäurebakterien
Mikroorganismen, die im Sauerteig für die Fermentation verantwortlich sind und den charakteristischen Geschmack erzeugen (S. 15).

Pizzaschieber
Werkzeug zum Einschießen von Pizzen in den Ofen und zum Herausnehmen, gewöhnlich mit einem langen Griff und einer flachen Schaufel (S. 40).

Pizzastahl, Pizzastein
Ein dickes Metallblech bzw. hitzebeständiger Stein, um beim Backen im Backofen eine höhere Unterhitze zu gewährleisten (S. 40–41).

Poolish
Sehr weicher Vorteig, der aus Mehl und Wasser (zu gleichen Teilen) und sehr wenig Hefe gemischt wird und zur Verbesserung von Geschmack und Textur dient (S. 12).

Reifen lassen
Ruhephase des Teiges, auch Gare genannt, in der er an Volumen gewinnt und Geschmack sowie Textur entwickelt (S. 28–29).

Rundwirken
Formen einer Teigkugel durch stückweises Einfalten in die Mitte (S. 25).

Sauerteig
Säuerlicher Vorteig oder Teig, der durch Fermentation auf der Grundlage von Milchsäurebakterien entsteht (S. 15).

Schleifen
Rotierendes Formen einer Teigkugel, um ihr Spannung zu verleihen (S. 22).

Semola
Italienisches Hartweizenmehl, das verwendet wird, um ein Ankleben des Teiges zu verhindern (S. 11).

Stockgare
Ruhe- oder Gärphase des ungeteilten gesamten Teiges.

Stückgare
Letzte Reifephase (Endgare) des portionierten Teiges.

Teigführung
Prozess des Mischens, Knetens oder Reifens. Man unterscheidet zwischen direkter und indirekter, langer und kurzer sowie zwischen warmer und kalter Teigführung (S. 28–29).

Trockenhefe (Trockenbackhefe)
Hefe in Pulverform, die im Teig wieder als Triebmittel aktiviert wird (S. 14).

Turning Peel
Flache runde Schaufel mit langem Griff, die beim Drehen von Pizzen im heißen Ofen hilfreich ist (S. 40).

Type, Mehltype
Gibt den Mineralstoffgehalt und damit den Ausmahlungsgrad eines Mehls an (S. 9).

Vollkornmehl
Mehl, das aus dem ganzen Getreidekorn gemahlen wird und am meisten Nährstoffe und Mineralien enthält (S. 9).

Vorteig, Vorstufe
Ein vorbereitender Teig bei der indirekten Teigführung, der in den Hauptteig eingearbeitet wird und Aromabildung sowie Teigstruktur beeinflusst (S. 12).

W-Wert
Wasseraufnahmekoeffizient. Ein Maß für die Wasseraufnahmefähigkeit des Mehls (S. 9).

REZEPTREGISTER

DANKE

Liebe Pizzafreundinnen und -freunde,

es ist für mich schwer in Worte zu fassen, welche unglaubliche Reise wir gemeinsam durch die Welt der Pizza unternommen haben. Als Deutschlands größter Pizzacreator hat es mich mit Stolz erfüllt, meine Leidenschaft für dieses wunderbare kulinarische Erlebnis zu teilen. Dieses Buch ist nicht nur das Ergebnis meiner eigenen Reise, sondern eine Reise mit uns, der größten Pizzacommunity Deutschlands.

Ein herzlicher Dank gilt euch allen – meinen treuen Followern, den leidenschaftlichen Pizzalovern und jedem, der sich von meiner Pizza-Odyssee hat inspirieren lassen. Eure Unterstützung hat dieses Buch lebendig gemacht, und eure Begeisterung für jede knusprige Kruste, jeden geschmolzenen Käsetropfen und jedes perfekte Topping hat mir gezeigt, dass die Liebe zur Pizza eine universelle Sprache ist.

Ein riesiger Dank geht auch an meine Familie, Freundinnen und Freunde, meine Verlobte Melanie und meinen Bruder sowie Manager Marcel, die mich alle auf dieser Reise unterstützt haben. Ihr habt nicht nur meine zahlreichen Pizzakreationen probiert, sondern wart auch stets die Quelle meiner Inspiration. Eure Liebe und Geduld haben mir die Freiheit gegeben, meiner Leidenschaft nachzugehen und sie mit der Welt zu teilen.

Möge dieses Buch nicht nur eine Sammlung von Rezepten sein, sondern ein Tribut an die Gemeinschaft und Freude, die die Pizza in unser Leben bringt. In jedem Bissen steckt nicht nur der Geschmack von Tomatensauce und Käse, sondern auch die Erinnerung an geteilte Momente, lächelnde Gesichter und die Freude, die durch ein simples Stück Pizza entstehen kann. Mit einem Herzen voller Dankbarkeit und einer extra knusprigen Kruste, Sven

VERLAGSDANK Lieber Sven, du bist ein wirklicher Pizzamagier. Deine Begeisterung, Liebe und Leidenschaft machen dieses Buch einmalig. Du schaffst es, das Pizzabacken auf ein ganz neues Level zu heben und deine Fähigkeiten dem Leser weiterzugeben. Danke, dass du die vielen kleinen und großen Geheimnisse mit uns teilst. Ganz herzlichen Dank auch an Marcel Teichmann für die großartige Unterstützung des Projektes im Hintergrund. Hubertus Schüler, danke für die meisterhaft-magischen Pizzafotos, die einfach eine Klasse für sich sind. Hannah Bichay, deine Porträts von Sven geben dem Buch eine persönliche Note. Vielen Dank dafür! Ein großes Dankeschön geht auch an dich, Şebnem Yavuz, dafür dass du unermüdlich und mit viel Sachverstand um die Details gekämpft hast, und an Christiane Gülicher-Loll für das Schlusslektorat. Unseren Mitarbeiterinnen und Mitarbeitern im Verlag Anne Krause, Markus Neis, Valerie Mayer, Katerina Stegemann, Annika Steinacker und Lena Vaßen danken wir für ihr engagiertes Streben nach Qualität.

IMPRESSUM

Originalausgabe
Becker Joest Volk Verlag GmbH & Co. KG
Bahnhofsallee 5, 40721 Hilden, Deutschland
www.bjvv.de, info@bjvv.de

10. Auflage Mai 2026

ISBN 978-3-95453-314-5

AUTOR Sven Teichmann
FOOD- UND STILLFOTOGRAFIE Hubertus Schüler
PORTRAIT-FOTOGRAFIE Hannah Bichay
PROJEKTLEITUNG Valerie Mayer
PROJEKTMANAGEMENT Lena Vaßen
LEITUNG GRAFIK, COVERGESTALTUNG
Dipl.-Des. Justyna Schwertner
LAYOUT, BUCHGESTALTUNG, BUCHSATZ
Dipl.-Des. Anne Krause
BILDBEARBEITUNG Dipl.-Des. Markus Neis
FACHLEKTORAT REZEPTE UND TEXTE Şebnem Yavuz
SCHLUSSLEKTORAT Lesezeichen Verlagsdienste, Köln
DRUCK Firmengruppe Appl, aprinta druck GmbH

Credits: Seite 11: Meraner Mühle GmbH, Seite 167, Polaroids: oben: Julius Steinbach; unten: privat

Teil deine Leidenschaft und zeig uns deine schönsten Pizzamomente.
#teichnerspizzapassion @teichners_pizza_palace @bjvverlag

Weitere Bücher von Sven Teichmann

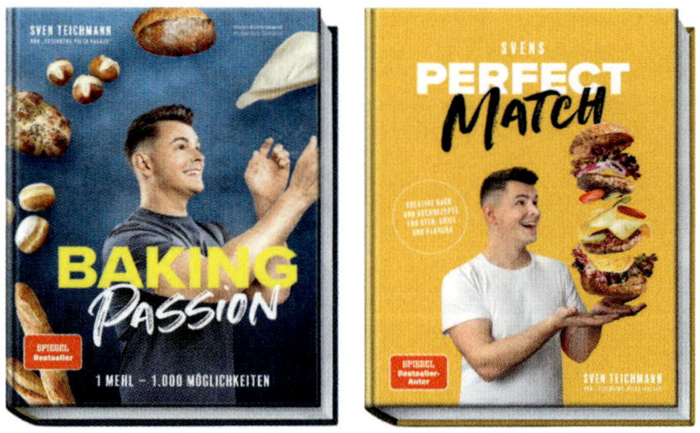

Baking Passion 1 Mehl – 1.000 Möglichkeiten
28,00 EUR (D), 28,80 EUR (A), ISBN 978-3-95453-339-8

Svens Perfect Match Kreative Back- und Kochrezepte für Ofen, Grill und Plancha
28,00 EUR (D), 28,80 EUR (A), ISBN 978-3-95453-358-9

BECKER
JOEST
VOLK
VERLAG
www.bjvv.de